Défendre

Sous la direction de

Christophe Bass, Matthieu Boissavy,
Jean Boudot et Bruno Rebstock

Défendre

Préface de François Saint-Pierre
Postface de Pascale Robert-Diard

Odile Jacob

3, rue Auguste-Comte, 75006 Paris

www.odilejacob.fr

ISBN 978-2-4150-1160-4

À Henri Leclerc,
avocat,
dont la parole et l'action,
au service de la défense,
ont tant fait pour la justice.

C'est un joli mot, défendre...

Préface

par François Saint-Pierre

Défendre ! Quel beau titre pour ce livre, un livre écrit par des avocates et des avocats passionnés par leur métier, un livre de réflexion, vive et dense, sur le sens de ce métier si exaltant, un livre de partage ouvert à toutes et à tous pour en raconter la violence et la beauté, les difficultés et les contradictions, mais aussi pour en faire comprendre la nécessité dans notre société.

C'est Henri Leclerc qui devait rédiger cette préface. Lui, notre glorieux aîné, qui nous a tant appris, aurait trouvé les mots les plus justes pour nous en parler. Mais Henri Leclerc nous a quittés le 31 août 2024, à l'âge de 90 ans, au soir d'une vie magnifique, une vie d'avocat accompli, d'avocat de la défense, de militant, de combattant fougueux de toutes les injustices.

C'est donc à moi qu'est revenue la tâche de vous proposer cette préface, que je lui dédie, pour lui témoigner mon admiration et mon affection. Car voilà bien des années que j'avais fait sa connaissance, lors d'un procès terrible, devant la cour d'assises de l'Isère, en décembre 1992, si terrible qu'en l'évoquant je m'y revois encore, envahi d'angoisse, et je le revois, lui.

Debout, à la barre de cette salle d'audience du vieux palais de justice de Grenoble, il plaidait comme un lutteur combat, non pour lui-même, mais pour l'homme qui se tenait dans le box des accusés, accusé du plus affreux des crimes, le viol et le meurtre d'une enfant de 6 ans... Il plaidait son innocence, il suppliait les jurés de l'acquitter, déterminé, convaincu de sa cause.

Moi, j'étais assis sur le même banc de la défense, mais pour la défense du second accusé, qui durant toute l'instruction de ce procès n'avait cessé d'incriminer et d'accabler son compagnon d'infortune, jusqu'à ce matin gris et froid, lorsqu'il demanda la parole au président de la cour et se décida alors à avouer, avec ses pauvres mots, qu'en vérité il avait commis seul ce crime atroce.

Je l'observais, Henri Leclerc, je l'écoutais, mais plus encore je ressentais l'extraordinaire tension de son être totalement investi dans sa mission d'avocat de la défense. Pour le jeune avocat que j'étais à l'époque, ce fut une leçon mémorable, une leçon de tactique et de stratégie judiciaires, une leçon de rhétorique et d'art oratoire, mais aussi d'éthique et de déontologie.

Son client fut acquitté, le mien, condamné à la réclusion criminelle à perpétuité. À l'annonce de ce verdict, la mère et le père de l'enfant hurlèrent de douleur et de colère, entourés de leur famille. Et, à la sortie du palais de justice, la place Saint-André était pleine de monde, de personnes silencieuses, qui avaient attendu là, dans la nuit glacée, que la justice soit rendue.

Si je vous ai raconté ce souvenir de cour d'assises, c'est en hommage à Henri Leclerc, bien sûr, mais aussi pour nous poser cette simple question : pourquoi donc nous, les avocats, consacrons-nous notre vie entière à ce métier, à cette passion de défendre, dans des causes si difficiles, incertaines le plus souvent, tragiques toujours, et parfois même dangereuses ?

D'abord, parce que, comme un médecin soigne un malade, un avocat défend un accusé, c'est la nature même de sa fonction. Ensuite, parce qu'il n'y a pas de procès équitable sans avocat de la défense, pas d'État de droit sans droits de la défense. Et, enfin, parce que nous accomplissons notre vie, notre vie professionnelle et sociale, revêtus de cette robe d'avocat.

Cela dit, il y a bien des façons de l'exercer, ce métier, à chacun sa personnalité, sa culture, sa conception de la défense. C'est une profession libérale, ce qui signifie que chaque avocat est libre de sa manière, dans les limites des règles déontologiques, qui sont toutefois assez larges, et suivant les règles de la procédure pénale, civile ou administrative, qu'il vaut mieux connaître.

Mais il y a, dans ce vaste monde du barreau, une communauté de valeurs qui relient tous les avocats, non seulement de France, mais de tous les pays d'Europe et d'ailleurs, malgré les différences de leurs systèmes judiciaires – et même dans les dictatures qui les emprisonnent : le secret professionnel, la liberté de parole, la détermination de convaincre, la solitude de l'échec.

Non seulement ces valeurs sont communes, universelles, mais elles sont aussi intemporelles. Ce métier d'avocat est vieux de plus de deux millénaires. Les manuels de défense pénale de Cicéron et de Quintilien sont toujours d'actualité. Je songe souvent à Tacite, qui, dans les *Annales*, emploie cette formule magique pour moi : un avocat a pour mission d'empêcher qu'un accusé soit livré à la Force, c'est-à-dire à l'arbitraire, à l'abus de pouvoir, à l'erreur judiciaire !

Ces livres sont mes boussoles, qui m'orientent, me rassurent et me stimulent. Et d'autres, aussi. Relire *Le Lait de l'oranger*, dans lequel Gisèle Halimi raconte sa jeunesse, avec tant de pudeur, si déterminée à devenir l'extraordinaire avocate qu'elle fut ! *De la stratégie judiciaire*, de Jacques Vergès, *L'Animal judiciaire*, de Thierry Lévy, pour ne citer que ces quelques classiques.

Dans *Défendre*, ce sont douze avocates et avocats de générations suivantes qui nous parlent de ce métier, qu'ils exercent à leur tour, avec autant de scrupules et de conviction : Alain Molla, Matthieu Boissavy, Capucine Lanta de Bérard, Frédéric Doyez, Jean-Félix Luciani, Fabrice Giletta, Céline Carru, Sondra Tabarki, Denis Fayolle, Bruno Rebstock, Christophe Bass et Jean Boudot. Qu'ils en soient vivement remerciés, car ce livre est plus qu'utile : nécessaire.

En le lisant, je songe à Victor Hugo qui, de retour d'exil, élu sénateur, plaida alors la cause des communards condamnés dont il demanda l'amnistie, le 22 mai 1876 : « Écoutez-moi avec patience, dit-il à ses collègues sénateurs, comme on écoute celui qui plaide : c'est le droit sacré de la défense que j'exerce devant vous ! » Je le vois plaider, comme je vois Henri Leclerc !

François SAINT-PIERRE,
le 11 septembre 2024.

PARTIE I

L'identité de l'avocat pénaliste

CHAPITRE 1

Être digne d'être écouté

par Jean Boudot

« L'avocat est un maximum d'habileté tempéré par un minimum d'honnêteté. »

Charles DUMERCY.

« Combien un avocat bien payé par avance trouve-t-il plus juste la cause qu'il plaide ! Combien son geste hardi le fait paraître meilleur aux juges, dupés par cette apparence. »

Blaise PASCAL.

« Un avocat ferait n'importe quoi pour gagner un procès. Parfois, il pourrait même dire la vérité. »

Patrick MURRAY.

« Un avocat est professionnellement au service de la canaille. »

Élisabeth BARBIER.

« Pour vivre heureux dans la profession d'avocat, il ne faut pas avoir de cœur. »

André HALLÉE.

Mercenaire sans scrupule, menteur et cupide, capable de tout pour gagner son procès, acoquiné avec le criminel, indifférent à ce qui est juste et sans humanité : sentence après sentence, c'est, au travers des siècles, un bien sinistre portrait qui est ainsi dressé de l'avocat, et tout particulièrement de l'avocat pénaliste. L'ensemble pourrait prêter à sourire, mais il porte en lui quelque chose d'inquiétant, en ce qu'au-delà de quelques bons mots il dit une réalité que nous aurions tort de ne pas regarder en face : l'image fortement dégradée que nous pouvons avoir, nous qui portons la défense pénale, auprès d'une partie de la population et, pire encore, de quelques-uns de nos interlocuteurs judiciaires. Dans une République démocratique que les périls assaillent de toutes parts, il n'y a rien d'anodin à voir ainsi trop souvent discrédités ceux dont l'un des rôles essentiels est justement d'en défendre les valeurs, les principes, les règles fondatrices – et toutes les autres d'ailleurs.

Ce paradoxe est à l'origine de cet ouvrage collectif. Les avocats et avocates pénalistes que nous sommes sont toujours étonnés de ce contraste existant entre la manière dont ils peuvent être perçus, mélange de fascination-répulsion, et la réalité de leur exercice professionnel. Confrontés à cette image dégradée, nous avons voulu dresser en contrepoint, au travers de douze chapitres et douze regards croisés, un portrait plus juste, plus nuancé de ce qu'est un avocat pénaliste, afin de faire mieux comprendre la passionnante complexité de notre exercice professionnel, et les exigences qui l'étayent.

La défiance à laquelle nous sommes confrontés a deux origines, de natures très différentes.

La première doit être évoquée pour être écartée, tant ceux qui ne respectent pas les devoirs de leur robe sont minoritaires dans notre profession. Il est des pompiers pyromanes, des policiers corrompus, des prêtres corrupteurs et des avocats oublieux d'une déontologie qu'ils perçoivent comme un frein à leur efficacité (ou à leur développement commercial), quand cette dernière est au contraire à l'origine de cette efficacité en étant le fondement premier de notre crédibilité et de notre légitimité : nul ne saura convaincre, s'il n'est d'abord perçu comme étant digne d'être écouté. La règle est si élémentaire qu'il paraît difficile qu'elle puisse être oubliée.

Nous devons, en cette matière, nous montrer collectivement d'une réelle intransigeance. Aux yeux de ceux qui nous regardent, nous portons tous, indistinctement, la même robe noire, et la tache faite par l'un d'entre nous sur la sienne souille assurément toutes les autres, sapant ce qui est le plus essentiel à notre profession : la confiance que doivent pouvoir nous accorder juges et justiciables.

La seconde source de cette défiance est plus diffuse, et repose sur un processus d'assimilation, souvent inconscient, de l'avocat avec celui qu'il défend, comme si nous étions inévitablement corrompus par la proximité que nous aurions avec le crime et le criminel. Chez nos anciens Grecs, la religion n'était pas une métaphysique distinguant le bien du mal, mais une physique : souillé par la mort celui qui était au contact physique d'un mort, non pas du fait de l'avoir tué, mais du seul fait de ce contact – d'où l'intérêt de la lapidation et des rites de purification des guerriers revenant des combats. Et si Créon peut se dire « pur » du meurtre d'Antigone, c'est que pour la faire mourir il l'a fait emmurer vivante et n'a donc jamais touché son corps devenu dépouille[a].

Eh bien, cette approche physique de la morale semble avoir traversé les siècles pour rattraper les avocats : serrer la main qui a tué, recevoir d'elle de l'argent, créerait une forme de souillure inévitable, une proximité dérangeante, une complaisance coupable, un affaissement moral inéluctable, et si ces mots/maux ne sont jamais ou très rarement verbalisés, ils sont l'origine implicite de cette question qui nous accompagne de l'université à la tombe : « Comment faites-vous pour les défendre ? »

---

a. « Emmenez-moi cette fille au plus vite, et enfermez-la-moi dans son tombeau de roc, ainsi que je l'ai dit. Et puis laissez-la là, seule, à l'abandon, qu'elle y doive, à son gré, ou mourir tout de suite ou vivre sous la terre de la vie du tombeau ! Nous sommes sans souillure en ce qui la regarde » (Sophocle, *Antigone*, Le Livre de Poche, 1991).

Pour y répondre, faut-il encore être capable de définir avec justesse ce que c'est que défendre, en s'éloignant de préjugés tristement simplistes. Défendre est, avant toute autre chose, un exercice d'intelligence critique, dont le support principal est la loi. Non la loi que l'on tordrait pour lui faire dire ce qu'elle ne dit pas – ayons collectivement suffisamment confiance dans nos juges pour considérer qu'ils ne se laisseraient pas alors facilement berner –, mais la loi dont l'avocat cherche au contraire à imposer l'application stricte au juge quand la morale, un sentiment d'équité, un désir d'efficacité ou un instinct répressif pourraient justement conduire celui en charge de son application à s'en écarter.

Ce travail de défense – car c'est d'abord un travail, rigoureux et contraignant, âpre parfois – se déroule en trois étapes successives qu'il importe de distinguer clairement : contrôler la régularité de la procédure, évaluer la qualité des preuves et, si la condamnation du mis en cause est alors inévitable, œuvrer au prononcé d'une juste peine.

L'avocat, avant même de s'intéresser au fond du dossier, va d'abord s'attacher à vérifier que les règles de procédure ont été respectées. Cet aspect de la défense cristallise souvent le ressentiment d'une partie de la population, quand sur un vice de procédure un individu suspecté d'avoir commis un crime grave est libéré, voire que l'entière procédure est annulée, le mis en cause échappant alors à un procès.

Ce ressentiment est révélateur de la perte d'une part de notre culture commune, de la conscience collective que nous avions de ce que représente la loi, de notre attachement à elle, perçue en République comme à la fois libératrice et protectrice. Ce n'est bien sûr pas dire que toutes les lois sont bonnes, qu'il serait interdit de les remettre en cause et de les contester, et il en est assurément toujours quelques-unes qui, au regard de nos opinions personnelles, nous font violence. Mais c'est rappeler ce qui a justement plus d'importance que nos opinions personnelles : notre capacité à vivre ensemble, et à faire société. Sur ce sujet les mots de conclusion de Diderot à son *Supplément au voyage de Bougainville* méritent d'être rappelés, auraient-ils été écrits pour lui éviter, au regard de son ouvrage, un séjour au cachot : « Nous parlerons contre les lois insensées jusqu'à ce qu'on les réforme ; et, en attendant, nous nous y soumettrons. Celui qui, de son autorité privée, enfreint une loi mauvaise, autorise tout autre à enfreindre les bonnes [1]. »

Il nous faut, collectivement, réinvestir cette valeur que nous donnions aux lois, expression démocratique de nos choix collectifs, socle du contrat social qui nous lie, rien de moins que cela, et l'exemple pris des nullités de procédure l'illustre parfaitement. Qu'est-ce qu'une loi de procédure ? C'est une loi qui va poser un point d'équilibre entre, d'une part, la nécessaire efficacité de la procédure pénale et, d'autre part, la préservation de nos libertés fondamentales. Bien sûr l'équilibre est précaire, réajusté en permanence, au gré d'ailleurs des alternances politiques. Plus d'efficacité, c'est, mécaniquement, moins de liberté. Et l'inverse est vrai. La garde à vue d'un suspect peut être annulée simplement parce que le procureur de la République n'a pas été immédiatement prévenu par les policiers de ce placement en garde à vue. Pourquoi ? Parce que dans une République démocratique nous considérons que la liberté d'aller et venir est une liberté essentielle. Nous admettons qu'il peut y être porté atteinte au travers d'un placement en garde à vue pour permettre l'interpellation d'un suspect et la réalisation de certains actes d'enquête, mais exigeons que cette mesure coercitive soit alors immédiatement soumise au contrôle d'un magistrat, ce suspect restant à cet instant un citoyen présumé innocent. Autrement dit : nous ne voulons pas, en France, qu'un policier, fonctionnaire aux ordres du ministre de l'Intérieur, puisse priver un citoyen de sa liberté sans devoir en rendre compte immédiatement à un magistrat garant des libertés de celui-ci. L'équilibre paraît plutôt sain.

Il est bien sûr toujours regrettable qu'une procédure se voie annulée, puisque l'œuvre de justice n'ira pas à son terme. Mais nous avons au moyen de nos lois fait ensemble le choix de préférer la préservation raisonnable de nos libertés à une forme de sécurité

« à tout prix ». Est-il regrettable de perdre parfois la possibilité de voir juger et condamner celui qui était peut-être coupable parce que certains de ses droits n'ont pas été respectés ? Mais ce ne sont pas « ses » droits : ce sont les nôtres, ceux de chacun d'entre nous. Sa liberté d'aller et venir c'est la mienne, sa sécurité juridique c'est la nôtre, la vôtre. Ces lois nous protègent tous : regrettons qu'un policier ou un magistrat ait mal fait son travail et que son erreur oblige à abandonner une procédure, mais soyons rassurés, en réalité, pour ce que cela traduit de la préservation de nos droits et libertés.

Voilà ce dont l'avocat est habité lorsqu'il invoque une nullité de procédure : la conscience qu'il nous faut être toujours vigilant dans la protection de nos libertés essentielles, nous qui avons la chance de vivre dans un État de droit, dont ceux qui portent des robes noires se sentent parfois les sentinelles.

Seconde étape : si la procédure est régulière, l'avocat pénaliste va devoir alors se livrer à un travail d'analyse des éléments de preuves rapportés contre le mis en cause, pour peu que celui-ci conteste les faits qui lui sont reprochés. Après un travail critique sur le respect des règles de procédure vient le temps d'un travail critique sur la force, la cohérence et la pertinence des preuves apportées au soutien de l'accusation. Les deux vont être réalisés exactement dans le même état d'esprit.

La règle qui domine le procès pénal, rappelée dans l'article préliminaire du Code de procédure pénale, est simple à formuler : il appartient au procureur de la République, qui porte l'accusation au nom de la société, de rapporter la preuve de la culpabilité du mis en cause, lequel reste présumé innocent tant que cette culpabilité n'est pas affirmée de manière définitive par une juridiction. Le choix de faire peser sur l'accusateur la preuve de l'infraction, et non sur l'accusé la preuve de son innocence, n'a historiquement rien d'une évidence, et se trouve être très clairement l'un des marqueurs majeurs du passage d'un régime totalitaire à un État de droit : la protection des libertés du citoyen prime, désormais, sur la protection de la stabilité de l'État et du pouvoir en place.

Il importait peut-être de le rappeler. Le principe de présomption d'innocence et les règles de preuve qui en découlent n'ont évidemment pas été imaginés à l'avantage des criminels, mais bien pour garantir la sécurité juridique de chaque citoyen. Cette sécurité a inévitablement un prix : des individus coupables d'avoir commis des crimes et délits bénéficieront parfois de l'application de ces principes, et échapperont à toute condamnation dès lors que la preuve de leur culpabilité n'aura pas été rapportée avec assez de certitude par le procureur de la République. Ce prix, en 1747 déjà, Voltaire nous invitait à l'accepter : « Le roi avait perdu son Premier ministre. Il choisit Zadig pour remplir cette place. [...] C'est de lui que les nations tiennent ce grand principe : qu'il vaut mieux hasarder de sauver un coupable que de condamner un innocent[2]. » Voltaire après Diderot, nulle surprise, bien sûr, de retrouver sur ces questions-là nos Lumières.

Voilà le choix fort que, depuis des siècles, nous avons fait. Il va bien sûr trouver sa traduction dans le débat judiciaire qui, lorsque les faits sont contestés, prendra toujours la même tournure : le procureur de la République cherchera à démontrer que le mis en cause est bien coupable ; l'avocat de la défense contestera la valeur des preuves qui auront été produites par son contradicteur.

Défendre, sur la question de la culpabilité, va donc consister à passer chaque élément de preuve proposé par le procureur au crible d'une véritable mécanique critique. Un témoin dit reconnaître le mis en cause, qui conteste pourtant sa présence sur les lieux. Ce témoin le connaissait-il avant, ou non ? Était-il impliqué dans l'action, menacé par une arme par exemple, ou regardait-il la scène plus tranquillement de son balcon ? Ce balcon, à quelle distance de l'action se trouvait-il ? Les vêtements de l'auteur masquaient-ils son visage ? Cet auteur avait-il un physique banal ou particulier ? Faisait-il jour, nuit, quelle était la lumière ? Le témoin aurait-il une raison de mentir ? A-t-il été interrogé juste après les faits, ou plusieurs mois après ? La parade d'identification[a] a-t-elle été correctement réalisée ? Les policiers auraient-ils pu influencer ses réponses, ne serait-ce que par la formulation de leurs questions ? Le reste de son témoignage est-il par ailleurs exact au regard de ce que nous savons des faits ? S'il a été entendu plusieurs fois, existe-t-il des évolutions dans ses paroles ? Certaines pourraient-elles être induites par de nouveaux éléments apparus en procédure ? Chaque question en entraînant une autre dans un flux ininterrompu, et nos nuits sont longues parfois.

Il est important d'avoir à l'esprit que cette critique des éléments de preuve va toujours se faire dans un contexte défavorable à l'accusé ou au prévenu, dès lors que nous sommes à l'audience. Si un procès se tient, c'est, en principe et *a minima*, que le dossier de procédure contient suffisamment d'éléments pour que l'on s'interroge sérieusement sur la culpabilité de l'accusé. Autrement dit : le (toujours) présumé innocent a désormais l'apparence d'un possible, voire probable coupable. Le raisonnement judiciaire est alors confronté à son pire ennemi : le biais cognitif dit « de confirmation », mécanisme cognitif que nous expérimentons tous, nous conduisant à privilégier les informations confortant ce que nous avons commencé à croire au détriment de celles qui viendraient le contredire.

Le rôle de l'avocat prend alors tout son sens : lutter contre ce danger naturel pour rappeler au juge à quel degré nos principes juridiques nous obligent, et avec quelle exigence il doit s'interdire de condamner celui qui ne serait, au terme des débats, qu'un probable coupable. Parce qu'un jour, alors, sinon, inévitablement, il se trompera. Ce qui rend tout cela si complexe, c'est cet irréductible écart entre la théorie et la pratique, ce très humain écart entre les

a. La « parade d'identification », familièrement appelée « tapissage », est l'acte d'enquête consistant à présenter à une victime ou à un témoin, derrière une glace sans tain, un suspect au milieu d'autres personnes ayant à peu près les mêmes caractéristiques physiques, afin de permettre son identification.

livres et le réel. Il est en effet très facile d'aimer nos grands principes dans les salons, les colloques ou les dîners en ville, où personne, ou presque, ne milite pour l'abrogation du principe de présomption d'innocence. Il peut être plus difficile de les aimer aussi naturellement à l'audience. Parce que l'audience vous confronte au crime. Il n'est plus alors une abstraction dont on se tient facilement à distance : la force évocatrice des mots, quand ils sont choisis avec soin, le fera soudain exister devant vous. Image, odeur, cri, durée, peur, souffrances, larmes, l'audience ne vous épargne rien. Et elle vous propose en plus un visage pour désigner le responsable de tout cela, qui n'est jamais le visage de l'évidente innocence, sinon nous ne serions pas là, mais au contraire celui d'un probable coupable.

Se lever alors, éviter de plaider idiotement que celui que nous accompagnons est innocent quand nous n'en savons rien, quand il est peut-être coupable, quand nous devons justement assumer de défendre, évidemment, des « peut-être coupables », parce que bien sûr tout est dans ce peut-être. Peut-être, je peux même parfois concéder un probablement, quelle importance quand la seule chose qui doit nous intéresser c'est le assurément. S'il n'est pas assurément coupable au terme des débats, c'est que le procureur n'aura pas rapporté la preuve certaine de sa culpabilité, et il ne peut donc pas être condamné, ou alors nous renonçons à nos principes fondateurs.

Défendre, ça n'est finalement que rappeler à ceux qui jugent la force et l'importance de ces principes, auxquels aucune émotion, aucune colère, aucune frustration, aucune peur ne peut nous conduire à renoncer.

Nous avons vérifié que les règles de procédure étaient respectées, nous avons soumis à l'épreuve de notre intelligence critique les moyens de preuves proposés par le ministère public, la procédure est régulière et la preuve parfaite, et celui que nous accompagnons reconnaît les faits. Le débat porte désormais uniquement sur la peine qu'il convient de lui infliger. « Ni plus qu'il n'est juste ni plus qu'il n'est utile », écrivait Cesare Beccaria[3], mais chacun met bien sûr librement dans ces contenants du juste et de l'utile le contenu qu'il veut, rendant de ce fait très incertaine l'identification de ce que serait la juste peine. Pourquoi si peu, pourquoi autant, pourquoi quatorze ou seize ans de réclusion criminelle plutôt que quinze ? À la différence des débats précédents, le débat sur la peine est moins un débat technique où sont mis en discussion nos grands principes juridiques qu'un débat pragmatique. Il n'en est pas moins intéressant ni moins important. Et il est parfois, entre l'accusation et la défense, bien moins caricatural qu'on ne l'imagine.

Chacun dans ce débat apportera au juge les éléments de réflexion propres à la place qu'il occupe, et cet échange contradictoire est infiniment précieux. La souffrance des victimes, la manière singulière dont elle s'incarne et s'exprime en chacune d'elles, seul l'avocat qui aura pris le temps de les écouter sera capable de la comprendre et de la restituer avec un peu de justesse. Sur cela un dossier dit toujours trop peu. Mais le choix de la peine proposée au tribunal appartient au seul procureur. Il intégrera dans son raisonnement, s'il fait correctement son travail, les éléments de personnalité du mis en cause, tantôt pour aggraver la peine requise, tantôt pour la modérer. Mais ce qui prédominera bien sûr pour lui sera l'intérêt de la société, la nécessité de sa protection, la restauration par la peine de l'équilibre social abîmé par l'infraction commise, autant qu'il est possible.

L'avocat de la défense est souvent perçu dans ces discussions sur la peine comme cherchant un peu maladroitement, un peu trop facilement, à déresponsabiliser l'auteur des faits, usant et abusant de lieux communs sur son enfance difficile, les ruptures de son parcours de vie, ses intempérances maladives. Nous ne « déresponsabilisons » personne, mais nous avons, ancrée en nous, de manière obsessionnelle, la question du « pourquoi ? », convaincus que pour juger correctement un homme il faut comprendre les causes de son passage à l'acte. De manière peut-être contre-intuitive d'ailleurs, plus le crime est abominable, plus la transgression est difficile à comprendre, plus cette question du pourquoi va devenir intense. C'est une chose, tout de même, de décider un jour de tuer un autre homme. Comment ne pas s'intéresser alors à la mécanique du passage à l'acte, à ses motivations visibles et à ses ressorts cachés ? Un exemple suffira pour convaincre de cette absolue nécessité. Un homme en tue un autre et a prémédité son crime. Il voulait lui voler son argent. Un homme en tue un autre, et a prémédité son crime. Il voulait venger le meurtre de son enfant et a tué son meurtrier. Le même crime, la même peine encourue. Mais, quand il faut choisir, pour prononcer une peine, entre quelques années de prison avec sursis et la réclusion criminelle à perpétuité, le « pourquoi » va bien sûr être déterminant.

Le « pourquoi » est irréductiblement lié au « qui », à l'auteur de l'infraction. C'est là que le parcours de vie de celui que nous accompagnons nous intéresse évidemment, la manière dont sa personnalité s'est construite, parce que la personnalité du mis en cause est, avec la gravité des faits, l'un des deux critères de fixation de la peine. Nous œuvrons d'ailleurs là encore pour le respect de l'un de nos principes fondateurs les plus essentiels, puisque le principe d'individualisation de la peine est aujourd'hui considéré comme un principe à valeur constitutionnelle. Rappelons-nous, toujours, que *nous ne jugeons jamais le crime commis, mais l'homme qui le commet* – osons écrire : *celui d'entre nous qui le commet.* Celui-là faisait partie de notre communauté avant, et il en fait encore partie après, nous qui avons collectivement fait le choix d'écarter de nos châtiments la peine de mort et le bannissement.

La tâche de l'avocat de la défense est ici encore difficile. Confrontée à celui qui a tué, ou violé, ou blessé, notre culture latine nous pousse davantage à la colère, au mépris et au dégoût qu'au questionnement. Au désir de vengeance plutôt qu'au désir de faire progresser celui qui a mal agi pour le ramener vers nous. Nous le voulons entièrement et pleinement responsable, pour mieux pouvoir nous en débarrasser, le plus longuement possible. Cet instinct d'élimination vengeresse s'accommode mal de réflexions sur la complexité d'un homme et ce qui l'a conduit à agir. La pratique judiciaire montre que c'est rarement par méchanceté pure. Le serait-ce, d'ailleurs, que la question du pourquoi conserverait la même intensité : l'absence totale d'empathie chez l'un d'entre nous interroge nécessairement sur son origine. Essayer de comprendre, non pour banaliser, non pour exonérer, mais pour situer une responsabilité à sa juste place, voilà l'effort auquel l'avocat s'acharne à conduire le juge.

De manière systémique parfois, en mettant notre société face à ses responsabilités, parce qu'elle en a aussi, y compris dans des passages à l'acte individuels, et nous serions injustes, naïfs ou lâches de ne pas vouloir le regarder en face. J'assistais récemment, dans un théâtre d'Aix-en-Provence, à un spectacle de cirque enchanteur. Autour de moi, des parents avec leurs enfants, une multitude de petites têtes brunes et blondes, plutôt blondes d'ailleurs. De celles qui vivent sur un plan matériel en sécurité et ont un accès simple à la culture et à l'éducation, dans de jolies écoles. Une pensée désabusée est venue abîmer ce temps de poésie et de rire mêlés – notre métier nous use et nous rend fragile : dans dix ans, quinze ans, vingt ans, je ne devrais pas en défendre beaucoup, de ces gamins-là, dans des dossiers de stupéfiants ou de violences de rue. Nous avons inscrit au fronton de notre République l'égalité des droits, et avons oublié qu'elle valait bien peu sans un minimum d'égalité des chances. Ça n'est aucunement dire qu'un trafiquant de stupéfiants n'est pas responsable de ses actes, qu'il ne doit pas être puni, et parfois doit-il l'être sévèrement. Cela veut juste dire que, lorsque nous jugerons un gamin de nos cités pour un deal dans le hall de l'un de ces immeubles où nous ne voudrions pour rien au monde voir nos gosses grandir, il faudra simplement ne pas oublier qu'il n'était pas au spectacle de cirque avec nous.

Loin des modes de défense systémiques, ce sont certaines rencontres judiciaires qui nous font ressentir intensément ce que l'acte de juger nécessite de prise en considération, d'attention, osons dire de prudence vis-à-vis de l'auteur d'un crime. Lorsqu'on me demande comment je fais pour défendre ceux qui ont commis l'innommable, je raconte souvent ce premier procès d'assises auquel j'ai assisté, à Lyon, quand j'étais encore étudiant. Un homme viole, de manière atroce, sa fille de 6 ans sous les yeux de son petit frère de 4 ans. Le choc traumatique pour celui-ci est si fort qu'il en perd l'usage de la parole, pour des années, et que son développement psychomoteur est entravé. Il est immédiatement interné dans un établissement spécialisé, et ira en grandissant d'établissement en établissement, sans jamais avoir pu apprendre à lire ni à écrire. Détruit, littéralement, à l'âge de 4 ans, par ce à quoi il a assisté. Un peu plus âgé, il est autorisé à quitter la clinique en fin de journée pour aller dormir chez sa mère. Un soir, en rentrant, il croise deux gamines de 5 et 7 ans, et reproduit la scène vécue enfant, violant la plus grande sous les yeux de la plus petite, qu'il tentera ensuite de tuer. Dans les articles de presse, rien de son passé bien sûr, juste le récit de l'acte abominable commis. Vous l'auriez rencontré quelques heures avant le crime, cet homme n'aurait généré chez vous qu'une infinie empathie, qu'une infinie sympathie (du grec *sum-patheia* : « souffrir avec »), victime qu'il est, comme sa sœur, du crime commis par son père.

Ce que vient dire l'avocat de la défense, c'est finalement simplement cela : cet homme-là ne se juge pas comme n'importe quel autre, et sa vie ne commence ni ne se réduit à son crime. Je l'aurais accompagné et défendu sans mal, ce garçon, dont le crime pourtant était terrible. Qu'auriez-vous fait de lui, d'ailleurs, si vous aviez dû le juger ?

Voilà, je crois, ce que c'est que défendre.

Loin des clichés, aux antipodes d'une proximité complaisante voire corruptrice avec le crime, ce qui rend par nature un avocat digne d'être écouté résulte de la nature même de sa mission dans une société démocratique.

Mais il n'est pas de rôle essentiel en démocratie qui ne soit soumis à d'exigeantes contraintes. Il n'aura échappé à personne que les avocats ne disposent d'aucun pouvoir qui leur permette de décider : ils ne sont en situation que de proposer, et pour que la proposition d'un avocat devienne la décision d'un juge, il lui faut le convaincre. Convaincre de ce que la violation d'une règle de procédure doit être sanctionnée d'une nullité, convaincre de ce que la preuve imparfaitement rapportée par le procureur de la République doit conduire à la relaxe ou à l'acquittement du mis en cause, convaincre de ce que serait une juste peine pour celui qui plaide coupable. Convaincre, terme qui concentre en lui seul tout le devoir d'un avocat.

Convaincre nécessitera parfois une certaine adresse rhétorique, et c'est souvent à cela qu'est réduit l'avocat : un manieur de mots – il l'est assurément – dont il faudrait d'autant plus se méfier qu'il serait talentueux. C'est oublier le plus important. Il existe à l'action de convaincre une condition préalable indispensable : être perçu par ses interlocuteurs comme étant digne d'être écouté.

Convoquons de nouveau nos anciens Grecs. Si Platon avait définitivement condamné la rhétorique pour être l'arme de sophistes ne recherchant, à la différence des philosophes, ni le beau, ni le juste, ni le vrai, Aristote, son disciple, trouvait un très grand intérêt à cette matière qui, en organisant le discours, nous offrait un moyen de régler nos désaccords. Il identifiait trois piliers principaux à l'action de convaincre : le logos, qui fait appel à la logique et à la raison, le pathos, qui fait appel aux émotions, et puis l'ethos [4]. L'ethos, pour Aristote, repose sur les valeurs morales de l'orateur et sa réputation. Il est ce qui va donner à l'orateur la crédibilité et l'autorité morale qui lui sont indispensables afin de susciter la confiance de l'auditoire et d'avoir alors une chance de le convaincre. Il était pour les Romains, Cicéron et Quintilien en tête, une dimension majeure de la rhétorique.

L'ethos d'un avocat va bien sûr reposer sur sa compétence. L'exigence est forte, et l'erreur ne lui est pas plus permise qu'elle ne le serait à un chirurgien. Connaissance de la loi, maîtrise du droit, exacte précision des mots, juste usage des techniques argumentatives, culture générale nourrie, aptitudes à la plaidoirie et intelligence stratégique, la moitié de cet ouvrage est consacrée à ces « outils » qu'un avocat se doit de maîtriser aussi parfaitement que possible. Ce devoir de compétence a d'ailleurs été élevé au rang des principes essentiels de la profession dans notre Code de déontologie, et le défaut de compétence constitue en conséquence une faute disciplinaire susceptible d'être sanctionnée.

Au risque de surprendre, l'ethos de l'avocat va aussi reposer sur sa sincérité. Elle est en réalité de manière assez évidente une condition nécessaire pour convaincre un auditoire. Quel juge pourrait en effet être sensible à un argument, ou un élan, qui lui paraîtrait insincère ? Il peut nous être objecté que la sincérité peut être habilement feinte, et les manuels de rhétorique regorgeaient dès l'Antiquité de techniques imaginées pour cela. Affaiblir son niveau de langage (le « parler vrai » en politique...), prétendre ignorer ce que l'on va dire ou chercher ses mots (la *dubitatio* qu'enseignait Quintilien dans son *Institution oratoire*) sont autant de moyens propices à donner l'apparence de la sincérité. Mais ces moyens sont aussi connus des juges qui nous écoutent, et tout ce qui va être trop apparent en rhétorique va être démasqué et privé d'effet, voire produire un effet contraire.

Il n'est en réalité aucunement difficile d'être sincère : il suffit d'avoir l'autoexigence de ne plaider que des arguments que nous jugeons pertinents. Quel juge espérerions-nous convaincre avec un argument auquel nous ne croyons pas nous-même ? Il nous faut donc trouver des « points de conviction » et les situer avec justesse : nous pourrions être insincère en affirmant que nous croyons en l'innocence de notre client, mais très sincère en estimant que le procureur ne rapporte pas la preuve suffisante de sa culpabilité. Nous devons nous interdire, à tout prix, l'argument idiot autant que l'affirmation fausse, qui nous discréditeraient instantanément et radicalement. Nous devons éviter, évidemment, de plaider un jour d'un côté de la barre le contraire de ce nous avons plaidé de l'autre côté, nous qui intervenons tantôt pour un mis en cause, tantôt pour une victime.

Quelle crédibilité aurais-je auprès d'un juge m'entendant plaider en défense que le témoignage d'un policier peut être questionné au même titre que tous les autres, si je venais plaider ensuite, en partie civile et devant ce même juge, qu'il serait inadmissible de remettre en cause la parole d'un policier ?

C'est dire que notre sincérité s'apprécie non seulement sur chaque dossier, mais aussi dans la cohérence de ce que nous plaidons dans la durée. L'ensemble suppose, d'une part, une véritable précision de la pensée dans la recherche des arguments pour éviter toute approximation malheureuse ou affirmation excessive, d'autre part, de savoir parfois résister à ce que nos clients aimeraient nous entendre plaider. Mais cette résistance n'a en réalité rien de bien difficile, et elle est surtout une exigence de notre serment : nous jurons d'exercer avec indépendance, et cette indépendance, qui est un impératif absolu, s'entend bien sûr dans le rapport avec ceux que nous accompagnons. Une part fondamentale de notre crédibilité repose sur cette irréductible distance.

Terminons par ce par quoi nous aurions assurément dû commencer : l'ethos d'un avocat, sa légitimité, sa crédibilité, son autorité reposeront, avant toute autre chose, sur la qualité de son éthique. Nous entrons dans cette profession de façon très singulière, en prêtant serment d'exercer nos fonctions « avec dignité, conscience, indépendance, probité et humanité », et chacun doit comprendre la puissance constitutive de ces quelques mots. Avant de prêter serment, nous ne sommes que d'anciens étudiants titulaires du certificat d'aptitude à la profession d'avocat. C'est le prononcé de ce serment, dans le cadre d'une audience solennelle, devant les magistrats d'une cour d'appel, en présence du barreau, qui de manière presque mystique nous fait devenir autre à l'instant où nous le prononçons. Avocat. Disposant alors de toutes les prérogatives réservées à la profession d'avocat, mais immédiatement soumis à toutes ses règles déontologiques, dans une simultanéité qui rappelle que les unes ne sont rien sans les autres. Au respect des termes de ce serment, notre Code de déontologie ajoute dans ses tout premiers articles quelques autres principes essentiels de la profession. La compétence, nous l'avons vue, le respect du secret professionnel bien sûr et, pour ce qui nous intéresse tout particulièrement ici : l'honneur, et puis la loyauté.

Dignité, probité, honneur et loyauté, cette tétralogie dit la mesure des exigences portant nos exercices professionnels – les mêmes, d'ailleurs, qui obligent les magistrats. Mais, de même que l'indépendance n'est aucunement incompatible avec le lien étroit que nous avons avec ceux que nous accompagnons, la loyauté, l'honneur ou la probité n'interdisent aucunement à l'avocat d'être fin stratège – il en a même l'obligation au terme de son devoir de compétence, et il n'y a là aucune injonction paradoxale.

Pour aider à le comprendre, l'un de mes maîtres, Alain Molla, verbalisait très justement que l'avocat est, à chaque instant, à la fois mandataire du justiciable dont il a accepté la défense et auxiliaire de justice. L'un et l'autre, toujours, ensemble.

Mandataire du client, l'avocat doit œuvrer pour chercher à obtenir l'issue judiciaire souhaitée par celui-ci. Il importe ici de rappeler que nous sommes toujours libre de refuser une défense qui ne nous conviendrait pas. Et si un avocat doit savoir, dans son rôle critique sur le terrain des preuves, rester disponible aux thèses improbables parfois proposées par ses clients, il lui faut aussi savoir refuser les demandes qui le conduiraient à plaider des choses ridicules ou malhonnêtes. Nous passons en réalité beaucoup de temps dans nos carrières, dans le secret de nos échanges avec nos clients, à chercher à leur faire adopter des lignes de défense plus acceptables, au regard du dossier, que celles qu'il nous était initialement demandé de tenir.

Accompagner correctement ceux dont nous assurons la défense impose donc parfois de savoir leur résister, au risque de leur déplaire. Au risque de les voir choisir finalement l'un de nos confrères ? Peu importe. Conscience, indépendance, probité, compétence, ces injonctions déontologiques invitent peu à la négociation et interdisent à un avocat d'accompagner un justiciable dans une défense à laquelle il ne croirait pas un instant.

Si nous acceptons un mandat, il nous engage alors totalement, avec un souci de loyauté extrême vis-à-vis de celui que nous accompagnons, et avec bien sûr une recherche constante d'efficacité. Mais, pour œuvrer, tous les coups ne sont pas permis : parce qu'il reste à chaque instant auxiliaire de justice et soumis de ce fait à une déontologie stricte, l'avocat s'interdira, pour atteindre le résultat souhaité, d'user de procédés malhonnêtes et déloyaux.

La ligne de démarcation entre ce qui serait loyal ou déloyal peut paraître ténue, et ne fait d'ailleurs pas l'objet de consensus. Il est évidemment acquis qu'un avocat exploitera, tant sur le terrain procédural que sur le terrain probatoire, les erreurs commises par les enquêteurs et les juges. Il arrive parfois, en audience, qu'un juge ou un procureur oublieux de cette évidence dénonce la déloyauté d'un avocat qui, par exemple, n'a pas usé de son droit à faire entendre un témoin, pour plaider ensuite que sans cette audition le dossier est incomplet, la preuve imparfaite, le mis en cause devant dès lors être relaxé. Le reproche est idiot : c'est au procureur de la République qu'incombe de rapporter la preuve de la culpabilité de celui qu'il accuse, et ce serait un comble d'attendre de l'avocat de ce dernier une aide quelconque à cette fin, consistant notamment à réparer ses oublis. C'est dire que l'avocat peut bien évidemment ne pas user des droits dont il dispose dans le cadre de l'exercice des droits de la défense, s'il peut tirer avantage de cette abstention. Procéder à l'inverse caractériserait d'ailleurs à son encontre une faute, puisqu'il trahirait alors son mandat en même temps que les intérêts de celui ayant placé sa confiance, et parfois une part importante de sa vie, entre ses mains.

Certains avocats vont plus loin. Ils n'exploitent pas l'erreur spontanément commise par un juge, ils la provoquent grâce à quelques artifices de procédure, qu'ils maîtrisent parfaitement. Un exemple : en attente, dans les jours à venir, d'une convocation devant la cour d'appel pour un débat sur la remise en liberté de son client, un avocat va demander à celui-ci de désigner l'un de ses confrères pour le remplacer. Il espère ainsi que la maison d'arrêt informera tardivement la cour de ce changement, et que le nouvel avocat désigné ne sera pas convoqué, ce qui peut dans certaines circonstances conduire à la remise en liberté du détenu.

Lorsque nous débattons entre nous de ce type de pratiques, qui questionnent la notion de loyauté, sauf à vider ce terme de sa substance, ces avocats expliquent parfois répondre justement, par ces procédés n'étant finalement qu'un usage de la loi, et non une transgression de celle-ci, à la déloyauté de certains magistrats – et il est incontestable que quelques-uns sont déloyaux.

C'est oublier que nos règles déontologiques ne se négocient pas en opportunité. Que, face à la déloyauté d'un juge trahissant alors son serment, un avocat ne peut accepter de s'abaisser à trahir le sien, et il n'existe pas en la matière de « légitime défense » qui permettrait de s'affranchir des règles pour lutter à armes égales avec ceux s'en étant affranchis. Nous sommes bien sûr conscient de l'état de faiblesse de l'avocat loyal face au juge déloyal, et de la situation insupportable qui est alors celle du justiciable concerné. Mais cette faiblesse est un sacrifice nécessaire pour éviter un mal plus grand, si nous devions ne plus respecter les règles qui nous contraignent et nous élèvent en même temps : abîmer notre ethos collectif, et affaiblir la défense tout entière dans son rapport avec les magistrats. Au-delà de la courtoisie élémentaire mutuellement due, ce rapport reste en effet, par nature, un rapport de force, susceptible de devenir conflictuel dès lors que le juge tendrait à s'éloigner du strict respect des lois, tout particulièrement de celles protectrices des droits de la défense.

Nous assumons ainsi parfaitement être capable d'user de stratégies pour conduire une défense, mais nous affirmons dans le même temps que ces stratégies ont pour impérieuses limites le respect de la loi et de nos principes déontologiques, au premier rang desquels le principe de loyauté.

Cela est contraignant ? Pas plus que le respect de n'importe quelle règle en réalité, pour peu qu'elle soit sincèrement et naturellement intégrée. Ne pas voler le bien d'autrui ne nécessite pas un effort de contrôle sur soi pour la plupart des citoyens, ne pas mentir, ne pas tricher, ne pas truquer n'en demande pas davantage à la plupart des avocats. Au-delà de nos seules morales personnelles, nous sommes en réalité très conscients que, dans la durée, individuellement et collectivement, notre seule force, notre capacité de convaincre, repose foncièrement sur le strict respect de nos règles déontologiques. Nous y ajoutons d'ailleurs souvent, les uns et les autres, le respect d'un certain nombre de règles éthiques qui nous sont plus personnelles, et qui viennent enrichir encore nos principes essentiels, jusqu'à donner parfois à l'avocat une certaine élégance. Au risque qu'il perde en combativité ? L'histoire de nos barreaux montre à l'inverse que les plus élégants d'entre nous ont souvent été les plus redoutables, et il n'y a aucun hasard à cela. Penser à Robert Badinter, à Henri Leclerc, à Hervé Temime, à Daniel Soulez Larivière ou encore à Pierre Haïk suffit pour s'en convaincre. Dans notre rapport au juge, dans notre rapport au justiciable, l'indépendance et la capacité de résistance ne sont permises qu'à celui qui, pour chercher à imposer à l'autre le respect des règles, les aura lui-même parfaitement respectées.

Quintilien écrivait qu'« on ne peut bien parler sans être un homme de bien[a] ». En réalité, c'est pour avoir une chance d'être écouté, puis entendu, qu'il faut être une femme ou un homme de bien. C'est plus vrai encore pour celles et ceux portant une robe noire.

---

a. « *Cum bene dicere non possit nisi bonus* » (Quintilien, *Institution oratoire*, Hachette Bnf, 2012).

Propos libre sur être digne d'être écouté

par Bruno Rebstock

C'est un impératif. Une injonction. Une exigence à la croisée de la forme et du fond. À la croisée de l'argument, de sa mise en forme, de sa mise en œuvre. Être digne d'être écouté, voilà qui nous conduit à questionner les visages de l'avocat dans son savoir-être et dans son savoir-faire, aller au cœur même de notre raison d'être. Notre métier demeure pour beaucoup une source de questionnements tout autant que de jugements péremptoires qui disent toute la complexité du regard porté sur l'avocat : l'acquittement qui peut en faire un héros ou un salaud, le mercenaire sans conscience, le complice du criminel, et pourtant qui est en réalité cet avocat qui traverse les temps, qui suscite les interrogations, les passions, les critiques.

L'avocat pénaliste est un avocat exposé parce que si la défense se construit avec la rigueur exigeante du droit, elle s'affiche et elle prospère dans les eaux troubles ; elle s'exerce en arpentant les sous-sols, une lueur vacillante dans l'*underground* : la violence, le meurtre, la sexualité, la sécurité, la drogue, les armes. L'avocat est là parce qu'il y a eu atteinte ou présomption d'atteinte à l'une des valeurs essentielles du contrat social. Mais il est aussi un avocat suspecté ; le prix d'un positionnement sensible. Contre ces préjugés qui fragilisent notre office, nous devons dresser les remparts de l'éthique, de la déontologie à l'abri desquels s'épanouiront nos savoir-être et nos savoir-faire. Nous ne sommes pas un exercice de style. Mais nous donnons un style, une forme, une esthétique performante pour porter l'argument, le savoir. Qu'est-ce que l'élégance du verbe sans la rigueur de la règle ? Qu'est-ce que la rigueur de la règle diluée dans une forme informe, voire difforme, l'argument emporté dans le tourbillon d'une logorrhée ?

Jean Boudot a infiniment raison de souligner combien « notre seule force, notre capacité de convaincre, repose foncièrement sur le strict respect de nos règles déontologiques ». Enrichie de notre éthique. Éthique et déontologie, voilà la conjugaison de mes propres règles – expression de ma conscience – et des règles partagées auxquelles, par mon serment, j'accepte de me soumettre, au risque de sanctions. Au prix librement consenti du respect de ce corpus de règles personnelles et collectives, la stratégie de défense n'est plus une grossièreté, la résistance n'est plus une outrance, l'indépendance est une réalité tout autant que la dignité du verbe et du geste de défense : l'avocat est digne d'être écouté.

CHAPITRE 2

L'indépendance

Dialogue entre Alain Molla et Christophe Bass
Propos recueillis le 20 septembre 2024

CHRISTOPHE BASS. – L'indépendance a été intégrée comme une vertu cardinale des avocats dans notre serment en 1971 à l'occasion d'une réforme qui, pour la première fois, venait fissurer une tradition de soumission au pouvoir vieille de sept cents ans. Prenons l'un de nos serments antérieurs à 1971, celui de 1830 par exemple, aux termes duquel l'avocat jurait fidélité au roi des Français, obéissance à la charte constitutionnelle et aux lois du royaume. Arrives-tu à imaginer ton exercice professionnel sous la monarchie de Juillet où tu aurais prêté serment de fidélité et d'obéissance ?

ALAIN MOLLA. – Difficilement ! Permets-moi de te donner un exemple assez banal parmi tous les incidents qui ont ponctué ma vie professionnelle. J'assistais un homme devant un juge d'instruction. À l'époque, les juges dictaient à haute voix à leur greffier les réponses qui venaient d'être verbalisées par la personne interrogée. J'interromps cette transcription en faisant remarquer au juge que le mis en examen avait dit précisément le contraire de ce que le magistrat faisait noter. Le juge refuse de prendre en compte ma remarque, résiste à ma demande et croit devoir m'indiquer avec solennité que c'est SON procès-verbal et qu'il transcrit comme il l'entend. Nous nous opposons jusqu'à la rupture. Je demande alors à mon client de ne pas signer le procès-verbal qui sera édité et, m'adressant au juge, j'indique que j'irai personnellement expliquer à la chambre d'accusation les raisons de ce procès-verbal non signé. Le juge, pris en étau dans ce rapport de force, demande à sa greffière ce qu'elle a entendu. Cette dernière, assez timidement mais sans plier, indique qu'elle a entendu la même chose que moi. Décontenancé, le juge s'incline et transcrit ce qui avait été dit par le mis en examen, confirmé par sa greffière.

J'ai appris qu'après l'interrogatoire le juge avait rudement reproché à sa greffière sa prise de position qu'il avait considérée comme une trahison et il l'avait sommée de ne plus jamais lui faire cela. Elle avait pourtant, en disant précisément ce qu'elle avait entendu, montré toute la grandeur de sa fonction qui consiste à conférer au procès-verbal une authenticité dont elle est la gardienne. Cet exemple illustre deux indépendances qui n'auraient certainement pas trouvé à s'exprimer sous des serments de fidélité et d'obéissance : l'indépendance de l'avocat qui n'est pas soumis au pouvoir judiciaire et l'indépendance du greffier qui n'est pas le subordonné du juge. La différence entre ces deux formes d'indépendance tient peut-être au fait que celle de l'avocat est toujours questionnée sur le terrain de la proximité avec son client car on oublie trop qu'elle n'est pas seulement une indépendance à l'égard du juge mais aussi à l'égard du client et de toute autre sujétion.

C. B. – Il était donc essentiel que l'indépendance fasse son entrée dans notre serment à côté d'abord des trois autres vertus que sont la dignité, la conscience et l'humanité, auxquelles ensuite le législateur a ajouté la probité.

A. M. – Oui, et il était essentiel que ces cinq vertus soient déconnectées de l'idée d'allégeance qui a quand même survécu dans notre serment jusqu'en 1982, même si elle était moribonde depuis 1971.

C. B. – Parlons justement, si tu veux bien, de l'indépendance de l'avocat dans son rapport à son client. Si elle existe vraiment, je voudrais que tu nous dises comment s'exprime cette indépendance vis-à-vis du client. Tu illustrais à l'instant l'indépendance en donnant l'exemple d'une résistance au juge. Est-il concevable de résister aussi à son client ? Je te pose la question parce que d'aucuns pensent que l'indépendance à son client est inaccessible ou, pis, qu'elle est une vision de l'esprit pour se donner bonne conscience car l'avocat étant mandaté par son client aurait une obligation contractuelle de respecter à la lettre les *desiderata* de ce mandant.

A. M. – Vaste question dont la réponse passe par une plongée en profondeur dans notre exercice professionnel. Je dirais immédiatement qu'il serait faux d'imaginer que l'homme poursuivi sait déterminer lui-même la façon dont il veut organiser et mener sa défense. Dans le tumulte d'un traitement judiciaire qui l'a conduit en garde à vue puis devant un juge, sa demande est presque une supplique : « Défendez-moi. » L'avocat va devoir définir à la fois les contours et le contenu de cette demande. Le mandat n'est donc pas le reflet des seuls *desiderata* d'un mandant qui obligeraient l'avocat. En réalité, le mandat est une œuvre commune. Dans ce travail de détermination de ce que va être sa mission, l'avocat met en œuvre l'une de ses qualités majeures : l'écoute.

C. B. – Personnellement, je place cette qualité au premier plan de toutes celles que requiert notre exercice professionnel.

A. M. – Tu as raison. La qualité d'écoute de l'avocat va lui servir à entendre le positionnement de celui qui lui demande de le défendre, à le décoder parfois et aussi à appréhender le niveau de souffrance dans lequel il est plongé non seulement du fait des actes qu'on lui reproche à tort ou à raison d'avoir commis ou qu'il dit avoir subis, mais aussi du fait du traitement judiciaire lui-même qui se révèle très souvent brutal. Cependant être à l'écoute ne signifie pas être aux ordres. Dans l'édification d'un système de défense, le client ne peut pas avoir d'ascendant sur nous. Il exprime simplement sa version, son besoin, ses attentes, ses espérances à charge pour nous, professionnels du droit et habitués du système judiciaire, de l'aider à définir une stratégie de défense. Dans le cadre de ce colloque singulier avec le client, l'avocat va poser ses limites, celles qu'il ne peut pas dépasser, dictées par les termes de son propre serment mais aussi par la réalité

du dossier et des éléments qu'il contient. Et c'est à chaque fois que le client va vouloir pousser ces limites que l'avocat entre en résistance avec lui et doit faire appel à cette vertu qu'est son indépendance.
C. B. – Je t'ai entendu un jour plaider que l'avocat n'était ni magicien ni mercenaire. Est-ce que cette notion de mercenaire faisait justement appel à cette indépendance dans la définition de la stratégie de défense ?
A. M. – J'ai même ajouté qu'il n'était pas non plus son thérapeute. En ce qui concerne la notion de mercenaire, puisque c'est celle qui nous occupe à cet instant, je confirme qu'en disant cela je désignais l'avocat comme un acteur véritable dans le choix d'une stratégie de défense. Je veux dire par là que la stratégie de défense n'est jamais l'œuvre du seul accusé dont l'avocat serait le perroquet, elle est le fruit d'un dialogue entre eux.
C. B. – Ce dialogue se termine-t-il toujours par un accord parfait entre le client et l'avocat ?
A. M. – Non, loin de là. Je dirais même que ce dialogue ne se termine jamais, pendant tout le temps que dure la défense. Les lignes bougent, et ce sont ces ajustements nécessaires qui nous préoccupent et convoquent la notion d'indépendance. Quand le client n'est pas d'accord avec la proposition d'axe de défense qui lui est faite par son avocat et que l'avocat ne peut pas accéder aux souhaits du client, nous touchons aux limites dont je parlais à l'instant. Nous atteignons les limites intérieures que l'avocat s'est fixées et avec lesquelles il ne négociera pas. Il est cependant assez rare que le dialogue avocat-client heurte les limites à un point que la rupture soit consommée et que la relation prenne fin soit à l'initiative du client, soit à l'initiative de l'avocat. Ces cas de rupture, s'ils surgissent, touchent plus souvent à la reconnaissance ou non des faits par l'accusé qu'au choix des moyens de défense.
C. B. – On aborde là le rapport de l'avocat à la vérité. Que peux-tu nous en dire ?
A. M. – Dans le fantasme collectif, nous sommes, en notre qualité d'avocat, nécessairement détenteurs des confidences d'un accusé.

La réalité est assez différente. Il est rarissime que l'accusé nous confie spontanément des choses qu'il ne dit pas au juge et que nous nous retrouvions en situation de détenir la vérité de l'accusé qui ne serait pas la version qu'il a livrée au juge. En général même, les personnes poursuivies éprouvent notre perméabilité à leur discours pour se faire une idée de ce que sera la résistance du juge. En d'autres termes, celui qui ment au juge nous mentira. L'avocat n'est donc que très rarement détenteur de la vérité et, à vrai dire, il n'en a pas besoin pour exercer son office. Certains avocats sont très attachés à connaître la vérité et incitent leurs clients à tout leur dire dans le huis clos de leur dialogue. D'autres, au contraire, ne cherchent pas à connaître absolument la vérité. D'autres encore ne veulent surtout pas la connaître et ne laissent aucun espace dans leur échange avec leur client pour que puisse éclore cette vérité, quand bien même la sentiraient-ils poindre. Chacun met son curseur où il le souhaite dans ce rapport à la vérité.

J'ai toujours considéré pour ma part d'abord qu'il ne nous appartient pas d'écarter la version de notre mandant, si invraisemblable puisse-t-elle nous paraître, sans la passer constamment et minutieusement au crible des moindres éléments du dossier, car nous sommes les derniers remparts de la parole de l'homme ou de la femme poursuivis. Par ailleurs, j'ai toujours considéré aussi que, dans ce dialogue, on devait s'efforcer de laisser la place à un possible retournement et que l'on ne pouvait pas laisser un homme accusé gérer tout seul un passage à un éventuel aveu sans l'accompagner dans ce possible cheminement.

C. B. – C'est un équilibre toujours fragile que nous devons maintenir à chaque étape de la défense et il est vrai qu'au fil du temps, par le dialogue circonscrit par les limites posées par notre indépendance, se construit une confiance qui va faire le terreau dans lequel vont prendre racine les axes de défense.

A. M. – Ce qui importe dans ce travail face à face avec son client est de ne pas participer à la construction d'une vérité artificielle qui n'aurait pour seul mérite que de coller au dossier. On ne construit pas la vérité. J'ai toujours considéré en effet qu'il ne m'appartenait pas de donner à mon mandant des ficelles que le dossier permettrait éventuellement de trouver pour passer entre les mailles du filet.

C. B. – D'accord, mais si le propos de l'accusé n'est pas en cohérence avec les éléments matériels du dossier (les constatations, les témoignages, les traces, les expertises...), n'est-il pas de la mission de l'avocat d'en alerter son client et de tout lui dire de ses contradictions avec ces éléments ?

A. M. – Bien sûr, ne pas participer à la construction d'une vérité ne signifie pas laisser l'accusé dans ses contradictions jusqu'à sa rencontre avec le juge. Notre devoir est de tout dire au client de ce qu'il y a dans le dossier car c'est son droit fondamental de le savoir. Certains juges oublient cela parfois. Je me souviens d'une confrontation chez un juge d'instruction. Une jeune avocate assistait son client confronté au mien. Cet homme cite un témoignage, le juge lui demande comment il connaît l'existence de ce témoignage, l'homme répond que c'est son avocate qui le lui a lu. Le juge se retourne vers l'avocate et lui dit sèchement : « Maître, j'attends vos explications ! » L'avocate n'avait fait que remplir consciencieusement sa mission mais je la sentais désarçonnée par la question et je suis venu un peu à son secours pour remettre les choses à leur place...

C. B. – Donc, en donnant à la personne poursuivie le détail d'un dossier, ne l'aide-t-on pas à construire sa vérité ?

A. M. – Très souvent, l'avocat qui met l'accusé face à ses contradictions avec les éléments du dossier est confronté, si ces contradictions sont embarrassantes pour celui qu'il défend, à la question : « Alors, qu'est-ce que je dis ? » Pour ma part, j'ai toujours répondu à cette question : « Vous dites la vérité. »

C. B. – Au terme de ce travail, ne penses-tu pas qu'on arrive à l'audience avec la vérité en poche ?

A. M. – Jamais ! Souviens-toi de ce dossier. Tu étais un jeune collaborateur à mes côtés. Nous défendions un homme qui était poursuivi dans un premier temps pour un viol. Il avait rencontré en boîte de

nuit une jeune fille avec laquelle il avait flirté, qu'il avait raccompagnée à son domicile. Elle l'avait invité à boire un « dernier verre ». Les deux versions de la plaignante et de l'accusé étaient identiques jusqu'à cet instant. Après ce dernier verre, la plaignante indiquait qu'il avait changé de comportement et l'avait violée ; lui disait qu'ils avaient eu une relation intime consentie et ne comprenait pas la plainte. Les éléments à charge de ce dossier étaient ténus, et très vite cet homme a recouvré sa liberté pendant que l'instruction se poursuivait.
Il se trouve que, quelques mois plus tard, deux autres plaignantes qui ne connaissaient pas la première s'étaient rendues dans un poste de gendarmerie pour raconter une histoire similaire survenue avec le même homme antérieurement. Ces deux dépositions visiblement indépendantes de la première venaient constituer une charge nouvelle, et le juge d'instruction, en même temps qu'il avait mis en examen supplétivement cet homme, l'avait placé en détention provisoire où il était resté jusqu'à sa comparution devant la cour d'assises. Le dossier présentait des éléments à charge mais aussi de nombreux éléments à décharge et nous avions consacré toi et moi énormément de temps au parloir des avocats à dialoguer avec le client pour le mettre face aux éléments à charge. Ses réponses étaient toujours pertinentes, cohérentes et constantes. Nous avions fini tous les deux par acquérir la conviction qu'il disait vrai, et cette conviction nous portait. Le procès arrive. Nous avions aiguisé tous nos arguments et étions prêts à obtenir son acquittement. La première plaignante vient à la barre et, pendant qu'elle évoque les faits, l'accusé dans le box derrière nous me tape sur l'épaule en me demandant de suspendre l'audience. Dès la fin de la déposition de la première plaignante je demande une suspension, et nous nous retrouvons dans le huis clos d'une salle d'entretien pour un espace de dialogue qui nous a tous les deux marqués.
C. B. – Je m'en souviens, évidemment. Il nous a spontanément dit : « Elle dit la vérité... » La phrase est tombée comme un couperet. Calmement, tu as demandé à cet homme s'il était coupable pour les trois faits reprochés. Il t'a regardé profondément et a acquiescé.

A. M. – C'est de cet espace de dialogue-là que je parle quand je dis que notre devoir est de laisser la place au cheminement, si tardif soit-il.
C. B. – Et je me souviens qu'en effet il t'a tout de suite demandé : « Qu'est-ce qu'on fait, maître ? » Ta réponse est tombée sans hésiter : « Vous dites la vérité. » Alors qu'il s'inquiétait des conséquences de cet aveu, tu l'as déchargé de ce problème en lui disant qu'il était devenu le nôtre, le sien était juste d'avoir la force de sortir du mensonge et le moment était venu de le faire.
A. M. – Exactement, et tout cela illustre précisément la complexité de cette question du rapport à la vérité et le caractère impérieux de la résistance aux clients, donc de notre indépendance. Pour beaucoup d'entre nos concitoyens, l'avocat se prête à un jeu de rôle qui consiste à contester parce que l'accusé le leur demande. La réalité de notre métier est beaucoup plus complexe. C'est en nous heurtant à nos limites non négociables que nous pouvons nous ouvrir à la thèse de l'accusé, si improbable soit-elle, et que nous la confrontons aux réalités du dossier. Imagine que, dans ce même exemple, nous ayons eu les aveux de ce monsieur en détention, et que nous ayons décidé d'accompagner son mensonge et de garder ses aveux pour nous. Nous serions allés à l'audience avec les mêmes arguments de défense, notre sincérité en moins. L'accusé, lui, en position de partage de son mensonge avec ses avocats, ne se serait jamais incliné devant le témoignage poignant des plaignantes à la barre.
C. B. – De la même façon, si nous ne lui avions pas signifié, par la finesse de notre positionnement pendant tous nos entretiens préalables à l'audience, qu'il existait une place pour évoluer, peut-être l'armure du mensonge dans lequel il s'abritait ne se serait-elle pas fissurée pendant les débats.
A. M. – Et, paradoxalement, je ne sais pas si tu te souviens, mais nous avons quitté l'audience apaisés. Le résultat n'était pas un acquittement auquel nous avions pourtant cru, mais il allait bien au-delà en contribuant à réparer à la fois un homme coupable et ses victimes.

C. B. – C'est donc en cela que nous ne sommes pas des mercenaires ?
A. M. – Exactement, mais pas seulement. Il y avait aussi dans le terme mercenaire que j'ai utilisé ce jour-là une notion de distance à notre rémunération. Parce qu'il est indéniable que l'exercice de la défense est notre métier et que s'insère donc entre l'avocat et le client une notion économique. Or l'argent n'est pas un moteur et la relation économique ne peut pas prendre le dessus sur notre façon d'exercer. Dire que nous ne sommes pas des mercenaires signifiait aussi que les principes et valeurs que nous venons d'évoquer ne s'effondrent pas devant une rémunération. Je n'ai jamais eu honte de gagner de l'argent en exerçant mon métier, mais jamais l'argent n'a infléchi mes positions dans la construction et la mise en œuvre d'une défense.
C. B. – Venons-y, car le sujet est brûlant en ce moment. La lutte menée contre le narcotrafic a conduit à des prises de position sévères de la part de magistrats du siège et du parquet au sujet de la rémunération d'avocats payés pour dénicher des irrégularités de procédure et obtenir l'annulation des poursuites. Considères-tu qu'un avocat qui se fait rémunérer pour déceler les irrégularités d'une procédure est un mercenaire ?
A. M. – Absolument pas. Un avocat qui passe une procédure au filtre des dispositions du Code de procédure pénale fait son métier d'avocat. Il participe à la préservation des libertés individuelles dont les règles de procédure sont les garantes. N'oublions jamais que la procédure est un ensemble de règles qui nous protègent tous de l'arbitraire et qui s'imposent à tous et à l'égard de tous. S'assurer que les poursuites dirigées contre un individu le sont sur la base d'un respect rigoureux des règles posées pour préserver nos libertés est notre métier. Il ne peut pas être reproché à un avocat de défendre sur le terrain de la procédure avant même d'aborder le fond, car ce reproche vient porter une atteinte grave à l'État de droit.
C. B. – Et être rémunéré pour exercer notre métier est normal. Pourquoi alors de telles doléances de la part des magistrats ?

A. M. – Je crois que ce que veulent dénoncer les magistrats est autre chose, mais ils le formulent malheureusement dans un propos tristement globalisant témoignant pour certains d'entre eux qu'ils ont oublié ce qu'est la grandeur de la défense pénale qui contribue au même titre que leur propre mission à la vertu de la justice. Ce qui est mis en cause, à mon sens, est le fait de provoquer des irrégularités par des stratagèmes, c'est-à-dire de tendre des pièges pour provoquer à l'erreur et donc à la violation de la loi. Si le mandat est : « Maître, usez de tous les moyens y compris de moyens déloyaux, voire répréhensibles pour anéantir les poursuites dirigées contre moi », alors je considère que ce n'est plus un mandat d'avocat. C'est un mandat de mercenaire.

C. B. – Et la rémunération de ce mandat-là devient critiquable ?

A. M. – C'est avant toute chose ce mandat en lui-même qui est critiquable. À mon sens, la question de la rémunération des avocats, et en particulier des modes de règlements que doit pouvoir accepter l'avocat, est un autre débat. Il ne concerne d'ailleurs pas que les espèces mais tous les fonds dont on ne peut déterminer l'origine. La vraie question est de savoir si l'on accepte ou non que l'avocat d'une personne poursuivie, donc présumée innocente, soit rémunéré avec des fonds, espèces ou non, dont on suspecte qu'ils soient le fruit de l'infraction qu'on lui reproche.

C'est une question à la fois juridique et politique. Elle convoque de grands principes fondamentaux qui viennent se heurter à des questions de politique criminelle : la nécessité de lutter contre le crime organisé et la pertinence de lutter contre le blanchiment ne sont pas contestables, même si l'on peut discuter des contours juridiques qu'on donne aujourd'hui à cette infraction, mais le droit à un avocat, le libre choix de cet avocat et la présomption d'innocence sont des principes inviolables.

Il me semble qu'il faut accepter d'ouvrir un large débat sur ces questions afin d'entendre toutes les positions et propositions pour décider où l'on place le curseur. On ne peut pas, sans priver les personnes poursuivies du droit fondamental de se défendre, continuer à interdire d'accepter certains modes de règlements ou obliger l'avocat à investiguer sur l'origine des fonds qui vont le rémunérer. Plus on va créer de l'interdit autour de la rémunération, plus on va mettre l'avocat en situation de perdre son indépendance car, à terme, il ne pourra plus exercer sans se mettre en situation infractionnelle ou à tout le moins en situation de pacte clandestin avec son mandant sur la question de la rémunération.

C. B. – Nous avons évoqué le juge, le mandant, l'argent. Que peut-on dire de notre rapport à la presse ? Est-ce que ce rapport convoque lui aussi une exigence d'indépendance ?

A. M. – La presse est un spectateur essentiel et incontournable du système judiciaire et il faut la considérer comme telle avec ses vertus et ses défauts. J'ai toujours eu de bonnes relations avec les chroniqueurs judiciaires de la presse écrite, radio ou télévisée, qu'ils travaillent pour la presse locale ou pour les grandes éditions nationales, mais ils ont tous toujours su de façon très claire quelles étaient mes limites. Je considère qu'un procès ne se tient pas dans les médias avant de se tenir dans une salle d'audience. Notre indépendance ici nous impose de placer en avant-plan l'intérêt de la personne que nous défendons, ce qui passe souvent par la nécessité de refuser les sollicitations de la presse en amont du procès. Certains organes de presse ne comprennent pas ce refus et peuvent boycotter notre nom pendant un temps, mais cela ne doit pas avoir la moindre incidence sur notre choix de répondre ou non aux médias. Il faut évidemment respecter le travail de la presse, garante de notre information, mais il faut trouver ce juste équilibre avec le respect dû à la personne que nous défendons, tant sur le plan de ses intérêts que sur le plan de sa vie privée.

C. B. – Il ne faut d'ailleurs pas négliger les situations dans lesquelles les menaces qui pèsent sur la personne que l'on défend résultent non pas de la publicité elle-même donnée par la presse, mais plutôt de l'utilisation politique qui peut être faite du retentissement médiatique d'un fait divers embrasant l'opinion publique.

A. M. – Absolument ! Et faire un choix nécessite alors de faire une balance entre les avantages et les risques d'intervenir ou non dans les médias dans un contexte souvent complexe. Je me souviens de cette dramatique affaire dite « du bus incendié de Marseille » où j'assistais la victime principale. Il était impossible de refuser de prendre la parole en amont du procès, mais mes prises de position dans la presse devaient être extrêmement réfléchies et maîtrisées. L'aspect de la gestion médiatique a occupé une grande partie de mon mandat en sus de tous les autres volets du dossier.
En synthèse, il me semble que refuser systématiquement de parler à la presse serait une erreur pour l'avocat pénaliste, mais se servir à l'inverse de la presse pour se construire une image, au mépris de nos obligations déontologiques et même parfois de nos obligations légales autour du secret nécessaire, est à mon sens une faute. Certains rapports à la presse que je constate sur les chaînes de télévision ou sur les réseaux sociaux aujourd'hui me désolent.
C. B. – Malgré tout, est-ce que tu considères qu'il y a des cas où l'impasse totale dans laquelle nous sommes face à une institution judiciaire qui reste sourde à nos protestations et prend des allures autistiques nécessite de mobiliser l'opinion publique pour espérer faire bouger une telle inertie ?
A. M. – Certainement, même si ces cas sont somme toute assez rares. Mais, dans ces cas-là, c'est nous qui prenons l'initiative de solliciter la presse, et la question de la résistance à la sollicitation extérieure des médias ne se pose pas.
C. B. – As-tu en tête d'autres exemples de ta vie professionnelle où tu as dû marquer ton indépendance à des circonstances extérieures au procès ?
A. M. – Des dizaines, certainement. En réalité notre indépendance n'est pas un outil qu'on va chercher quand on en a besoin. Elle est au cœur de notre identité d'avocat, ancrée en nous comme un trait de personnalité. Il est des moments où on la questionne plus que d'autres, mais en réalité elle est convoquée dans notre exercice au

quotidien. J'avais quelques années de barre à peine. Le tour de la commission d'office me conduit à prendre la défense d'un homme qui avait tué son épouse. On avait retrouvé le corps sans tête de la malheureuse dans un cours d'eau environnant. L'homme reconnaissait sa culpabilité. Il se trouve que la victime était avocate inscrite au même barreau que moi. Je n'avais jamais fait sa connaissance. Les avocats de ce barreau, apprenant que je défendrais cet homme, étaient vent debout contre moi, protestant qu'un avocat du barreau ne pouvait pas prendre la défense de celui qui avait tué l'un de nos confrères. Je rétorquais que l'homme n'avait pas tué une avocate parce qu'elle était avocate, il avait tué sa femme et il se trouve qu'elle était avocate ; il avait cependant droit à une défense. La pression du barreau tout entier, uni contre moi, était très forte et très pesante. Les arguments et les manœuvres se multipliaient pour m'interdire de défendre. Le procès arrive. Contre les consignes de notre bâtonnier, de nombreux confrères se mobilisent dans la salle d'audience avec la ferme intention de m'empêcher de plaider. Ce jour-là, j'ai compris le poids de l'indépendance quand elle nous plonge dans une solitude extrême. J'ai compris aussi l'importance de l'autorité d'un bâtonnier pour préserver les valeurs qui font le socle de la défense pénale. Apprenant que ses consignes n'avaient pas été respectées, notre bâtonnier d'alors a interrompu ses congés, et je l'ai vu pénétrer dans la salle d'audience juste avant que je ne plaide. Il s'est assis silencieusement sur le banc en face de moi, et sa présence personnelle a fait taire tous les bruissements de robes noires et a imposé le respect de la mission que j'accomplissais en défendant cet homme.

C. B. – Merci Alain, pour cet échange évidemment mais aussi pour tous ceux par lesquels tu as transmis à tes élèves les vertus, la rigueur et la passion de notre métier.

Propos libre sur l'indépendance

par Bruno Rebstock

Au cœur de notre serment s'inscrit la notion singulière de l'indépendance sans pour autant qu'il soit précisé à l'égard de qui et de quoi celle-ci doit s'exercer. L'indépendance est le fondement même de notre exercice professionnel ; d'elle Alain Molla dit qu'« elle est au cœur de notre identité d'avocat, ancrée en nous comme un trait de personnalité ». Indépendance à l'égard du juge, indépendance à l'égard de l'enquêteur, à l'égard de l'accusation et à l'égard de notre mandant. Cette indépendance se trouve questionnée, tiraillée de manière explicite parfois mais aussi de manière sournoise par des affinités culturelles, sociales, de parcours professionnels, de communauté d'étude et de savoirs. Elle peut se trouver affaiblie par un travail de séduction au nom d'une proximité qui devrait prévaloir. Comme si chacun des acteurs cherchait à instrumenter l'indépendance de l'autre, à l'ignorer, à la rendre factice comme un mot au cœur des mots du serment, envolé.

Je crois même pouvoir écrire, sans excès, que la manifestation d'indépendance est parfois nécessaire : qu'elle soit visible, audible et radicale dans la rupture du mandat au-delà de toute considération économique. Une source de malentendu certainement avec la magistrature : comme si la hiérarchie à laquelle les magistrats sont soumis devait nécessairement trouver son expression ici avec une dépendance à l'égard de nos mandants, d'autant plus méprisable qu'elle serait économique.

Une radicalité excessive mais dans une préoccupation constante l'indépendance s'incarne dans le rapport à l'autre, l'expression même de ce rapport à l'autre. Suis-je dans la minorité lorsque je me refuse au tutoiement, tutoiement du mandant, tutoiement du juge, de l'enquêteur ? Je n'écris pas que le tutoiement annihile l'indépendance ; je veux exprimer simplement que cette forme d'expression, dans la proximité – parfois très factice – qu'elle installe, peut affecter l'indépendance et peut donner au tiers – autre acteur judiciaire – le sentiment d'une perte d'indépendance. Le tutoiement entre l'avocat et l'accusé signera pour le juge une perte d'indépendance, un basculement dans la connivence, voire la complicité ; à l'identique le tutoiement entre le juge et l'avocat signera pour le mandant une perte d'indépendance à l'égard du juge, le renoncement à la contradiction, à la contestation ; une anesthésie des ardeurs défensives... La distance est inscrite dans la notion d'indépendance et il faut savoir manifester et cultiver les signes de cette distance. Bien sûr, l'expression visible et audible de ces signes ne saurait à elle seule garantir l'indépendance. Elle en est le signe extérieur, la manifestation visible de son existence.

L'indépendance comme outil de notre liberté. La liberté nécessaire qui préside au choix de l'argumentaire, au choix de la posture ; la liberté de défendre en conscience, en humanité, en droit et en responsabilité. Que nous est-il demandé d'autre ? Tracer sur la carte judiciaire, sur le terrain du débat contradictoire le point où je me situerai, le point de liberté et d'indépendance d'où j'observerai, d'où j'argumenterai sans être emporté par les proximités institutionnelles et les dépendances économiques, les dépendances d'empathie et de sympathie. Les dépendances confraternelles. C'est de ce point-là et de nul autre que la défense effective et responsable se déploie dans l'espace judiciaire.

CHAPITRE 3
L'état de résistance

par Jean-Félix Luciani

« Non, il n'est pas vrai qu'il se soit trouvé un officier pour peser sur la conscience des juges ; non, il n'est pas vrai qu'il se soit trouvé sept officiers qui aient jugé contre leur conscience ; les prévenus, messieurs, sont seuls à oser crier cette infamie mais jamais ils n'ont essayé de la prouver. Votre verdict, messieurs les jurés, proclamera leur mensonge, le pays l'attend, avec confiance, vous les condamnerez sans hésiter [*bravos*][a]. »

Compte rendu du procès Zola.

---

a. Audience du 21 février 1898, cour d'assises de la Seine : derniers mots du réquisitoire de l'avocat général, réclamant la condamnation d'Alexandre Perrenx, gérant du journal *L'Aurore*, et d'Émile Zola pour diffamation publique et complicité de diffamation publique à l'encontre du Conseil de guerre du gouvernement militaire de Paris. Après la parution de la lettre « J'accuse » le 13 janvier 1898 dans *L'Aurore*, qui faisait suite à la condamnation du capitaine Dreyfus et à l'acquittement le 11 janvier 1898 du commandant Esterhazy, le ministre des Armées avait déposé une plainte le 18 janvier 1898, aboutissant à un procès contre le gérant du quotidien et contre l'écrivain ; à l'issue de l'audience, qui s'est tenue du 7 février au 23 février 1898, la cour d'assises de la Seine condamnait Alexandre Perrenx à quatre mois de prison et 3 000 francs d'amende et Émile Zola à un an de prison et 3 000 francs d'amende. Cette décision fut censurée par arrêt de la Cour de cassation le 2 avril 1898, ouvrant la voie à un nouveau procès qui se tiendra ultérieurement, car l'assignation délivrée ici aurait dû l'être par le Conseil de guerre et non par le ministre de la Guerre (*Le Procès Zola. Compte rendu sténographique in extenso*, P.-V. Stock, 1898, p. 820).

> [Un écrivain explique à un critique :] « Quand je parle de mon petit objectif, je veux dire... comment le formuler ?... la chose précise pour laquelle j'ai écrit tous mes livres. Tous les écrivains n'ont-ils pas une chose précise de ce genre, la chose qui motive tous leurs efforts, la chose sans laquelle, s'ils ne s'efforçaient pas d'y parvenir, ils n'écriraient pas du tout, la quintessence même de leur passion, l'aspect de leur travail où, à leurs yeux, brûle le plus intensément la flamme de l'art ? Voilà ce que c'est ! » [...]
> [Son interlocuteur s'interroge sur ce secret, que ne lui dévoilera pas l'auteur :] « Pour sa part, incontestablement, la chose qu'aucun de nous n'arrivait à voir était d'une présence évidente. C'était quelque chose, supposai-je, qui touchait au schéma initial, quelque chose comme une figure complexe dans un tapis persan [1]... »
>
> Henry JAMES.

L'avocat n'est pas un artiste. Cependant, toute humilité et toute proportion gardées, un état de résistance serait-il le ressort intime de son exercice ? Ou une volonté de résistance, l'intention secrète, le « motif dans le tapis » de son engagement aux côtés d'un justiciable confronté à la justice pénale ?

Il appartient à chacun d'entre nous, en fonction aussi de son histoire personnelle, d'intérieurement répondre, s'il le peut, à des questions qui engagent les raisons et conduites de ses choix professionnels. Mais une défense pénale, c'est un refus, qu'une inquiétude et une réflexion accompagnent. Alors, sans au moins une capacité de résistance, à l'intensité évidemment variable suivant les dossiers, les époques et les pays, il n'est pas d'avocat qui vaille. Celui envers qui un avocat doit d'ailleurs éprouver immédiatement la solidité de ses propres défenses, c'est lui-même.

En effet, une accusation, d'abord, ne s'accepte intellectuellement pas. À défaut de ce rejet originel et structurant, la présomption d'innocence, clef de voûte du système pénal, demeurera une notion vide de sens concret, puisque son premier dépositaire aura commencé par abandonner le navire. Dans la relation si particulière qui se noue avec celle ou celui qui vous confie sa défense, il faut considérer sans délai, sans cesse, sans relâche, l'innocence.

Alors que j'étais jeune avocat, une femme détenue m'avait choisi pour la défendre dans une affaire criminelle. Elle était soupçonnée d'avoir voulu tuer son ancien compagnon en incendiant la caravane dans laquelle il dormait ; en garde à vue, à une époque où l'avocat n'y était pas admis, elle avait reconnu les faits, répété les gestes de son forfait supposé, y compris la manière dont elle aurait porté le bidon contenant le liquide inflammable jusqu'au lieu du crime. Elle avait un mobile et l'examen psychiatrique lui était défavorable, l'acte, schématiquement, pouvant être lié, selon l'expert, à ses traits de personnalité.

Quelque temps après son incarcération, la jeune inculpée contestait sa responsabilité et sollicitait mon intervention à ses côtés. Une prise de connaissance rapide de la procédure me laissait le sentiment d'une culpabilité avérée, mais, après un entretien avec la cliente, toute en timidité, mon opinion initiale chancelait. Une nouvelle lecture du dossier pénal achevait de me faire changer d'avis. Je ne comprenais pas, notamment, comment cette femme au physique frêle aurait pu traîner un lourd bidon sur une distance assez longue, avant de parvenir au logement de son ex-ami.

Je téléphonai au juge d'instruction, avec lequel la discussion était toujours possible, afin de lui annoncer une demande de mise en liberté prochaine et ses motifs. Deux ou trois jours après, dans mon souvenir, le magistrat me joignait à son tour pour me dire qu'il devenait inutile que je dépose ma demande, car il libérait sans délai la jeune femme : on avait découvert, par hasard, l'auteur de l'incendie, acte criminel auquel l'inculpée était étrangère.

Chaque avocat a connu des exemples de ce type, qui lui rappellent l'absolue nécessité de commencer, ce que j'avais méconnu quelques heures ici, toute réflexion pénale par l'innocence et, si possible, de la terminer avec. Il faut ainsi parfois s'efforcer de se défaire de son opinion, susceptible d'être hâtivement formée ou trop dépendante de nos émotions, de notre personnalité ; on lui préférera intellectuellement un retour au principe et à sa traduction concrète dans la façon d'aborder, d'une part, le dialogue avec le client, d'autre part et éclairé de ce dialogue, l'analyse d'un dossier. Nous pourrons, à ce prix, espérer donner un avis plus rationnel à un justiciable, auteur ou victime supposé, sur les éléments à charge et à décharge, tels qu'on les perçoit, de son affaire. Il sera alors à même de faire ses choix à propos de la suite de la procédure, car c'est à lui, et à lui seul, qu'ils appartiennent. L'avocat discute avec son client du dossier, présente les options, tente d'anticiper quant à leurs conséquences éventuelles, conseille – et c'est déjà beaucoup – mais ne décide pas.

Le lien de confiance qui unit un justiciable et son avocat n'est pas tissé de verticalité, mais d'échange et de compréhension, ce qui n'exclut ni confrontation éventuelle ni conflits, utiles au regard des enjeux présents et futurs. La tentation de devenir despote, ne serait-ce que pour régner sur les mots et décisions de leurs clients, n'effleure que rarement, me semble-t-il, les avocats.

Il est à cet effet surprenant de lire dans certains arrêts, jugements, ordonnances que maître X aurait énoncé, demandé telle chose ; maître X n'est pourtant que le porte-plume et le porte-parole de la personne qu'il assiste ou représente, le reste, c'est-à-dire savoir ce qui dans cette défense relève de la part du conseil de l'avocat à son client, appartient au secret protégé, démocratiquement vital, de leurs discussions. Nous ne confisquons aucune liberté, surtout pas celle laissée à chaque personne de reconnaître ou non les faits qui lui sont reprochés. L'avocat n'a donc pas à résister à une envie, *a priori* inexistante chez lui, de se muer en dieu de l'ombre judiciaire, mais plutôt au désir normatif que la société peut prétendre lui suggérer dans sa défense.

Ainsi en serait-il de cette reconnaissance des faits, qu'il faudrait, avec insistance, solliciter d'un accusé[a] s'obstinant à nier une culpabilité qui apparaîtrait évidente durant l'instruction ou l'audience. Mais, immédiatement, évidente aux yeux de qui ? Et une évidence construite à partir de quels actes d'enquête ? Et à partir de quelles personnalités, suspects comme témoins ? Il faut déjà pour l'avocat « ne pas supporter les vérités admises » et, ainsi qu'évoqué plus haut, commencer, précisément, par remettre « l'évidence elle-même en chantier[2] », avant de se risquer à conseiller un accusé sur pareil terrain.

Nous exposons à nos clients les éléments objectifs d'un dossier, avec les avantages stratégiques de telle ou telle position en fonction de ces éléments, leur donnant notre sentiment sur un éventuel aveu de leur part – mais en respectant leur liberté d'agir au mieux de ce qu'ils pensent être leur intérêt, et pas toujours et seulement judiciaire.

Lorsque des désaccords surviennent, de manière irréductible, sur les choix stratégiques, un avocat se retirera naturellement d'une défense. Une reconnaissance d'un acte, c'est quelquefois, peut-être, trop difficile psychiquement. Nous ne sommes ni les policiers ni les juges de ceux qui nous confient leur sort, leur liberté, leur honneur.

Un aveu et une culpabilité admise, c'est aussi un point de non-retour vis-à-vis d'une famille, d'un entourage jusque-là convaincu du contraire, avec la crainte, pour un bénéfice judiciaire éventuel, de tout perdre, de leur affection, de leurs visites en prison, parfois, de la seule chaleur humaine qui vous reste, souvent.

Si le dossier ne permet pas de s'en tenir sérieusement, sans discréditer toute défense, à une contestation de responsabilité pénale, un avocat essaie de trouver le difficile équilibre entre le respect de la parole du client et la recherche d'efficacité de sa propre intervention ; avec l'accord préalable de l'accusé quant à cette stratégie « subsidiaire »,

a. J'emploie ici « accusé » au sens générique des textes internationaux, sachant qu'en France on parle de « prévenu » devant le tribunal de police et le tribunal correctionnel, pour réserver ce terme d'« accusé » aux cours d'assises.

les questions posées durant l'instruction ou l'audience, la plaidoirie, tenteront d'ouvrir aussi des portes, d'émettre des explications, de se situer dans l'alternative…

Continuer, dans la clarté de son mandat, de se tenir aux côtés de celui qui a confiance en vous pour dire au mieux la vérité de ce qu'il a fait, ou n'a pas fait, et de ce qu'il est, voilà l'objectif. Et demeurer hermétique, s'il le faut, à tout ce qui serait autre. La quête de l'aveu peut d'ailleurs se poursuivre après le procès, à l'occasion d'une éventuelle procédure d'aménagement de peine, là où il est question, non pas d'amoindrir la sanction prononcée, mais de l'exécuter autrement. Il faudrait désormais, dans certaines audiences, qu'un condamné reconnaisse des faits, qu'il a parfois contestés jusqu'ici, pour bénéficier de l'aménagement adapté à sa situation. Il appartient à un avocat de s'opposer à ce qui me paraît être une dérive, à une volonté de remise au pas morale, que le Code de procédure pénale ne demande, ni n'attend. L'aveu exigé, cela renvoie à de mauvais souvenirs politiques, et la justice ne s'exerce pas dans un monde parallèle, extérieur aux réalités historiques.

Pierre Truche, qui fut procureur général près la Cour de cassation, puis premier président de cette même Cour de cassation, écrivait : « Les avocats sont des empêcheurs de juger en rond. C'est dire qu'ils sont indispensables[a]. » Empêcher de juger en rond, porter une parole autre, souvent une « parole contraire », pour emprunter au titre d'un court texte d'Erri De Luca[b], c'est l'ordinaire du métier…

Résister, s'opposer, c'est le sens de l'exercice devant les juridictions pénales ou disciplinaires, sans pour autant qu'il y soit question

---

a. Pierre Truche, *Juger, être jugé*, Fayard, 2001, p. 152. Pierre Truche, procureur général près la cour d'appel de Lyon, a été le représentant de l'accusation, avec Jean-Olivier Viout, substitut général, au cours du procès qui s'est tenu contre Klaus Barbie, jugé pour crime contre l'humanité devant la cour d'assises du Rhône du 11 mai au 4 juillet 1987.

b. Alors qu'il est accusé d'infraction pénale par la justice italienne, Erri De Luca revendique et défend sa « liberté de parole contraire » (Erri De Luca, *La Parole contraire*, Gallimard, 2015).

d'héroïsme. Le barreau français a connu des temps plus périlleux que ceux d'aujourd'hui. Nos années ne sont plus celles où un Jacques Isorni était, à l'occasion du procès de l'attentat du Petit-Clamart, suspendu trois ans sur-le-champ (!) pour avoir, selon l'accusation, manqué à son serment – serment qui, datant alors de 1804 et dont la formulation ne sera véritablement modifiée qu'en 1982, prescrivait alors à un avocat de :

> ne rien dire ou publier, comme défenseur, de contraire aux lois, aux règlements, aux bonnes mœurs, à la Sûreté de l'État et à la paix publique et de ne jamais s'écarter du respect dû aux tribunaux et aux autorités publiques[3].

Le même Jacques Isorni, au cours de cette audience, devait encore être poursuivi pour diffamation publique contre un membre du ministère ; il lui était reproché d'avoir déposé des conclusions en défense et présenté des observations, aux termes desquelles :

- le ministre des Finances de l'époque aurait aidé secrètement le général Salan et l'Organisation de l'armée secrète durant la guerre d'Algérie, portant ainsi « dans le Code de l'OAS le numéro 12 B » ;
- le ministère public ne pouvait en conséquence « ni intervenir ni requérir au nom du Gouvernement à l'occasion de faits en relation avec les événements d'Algérie tant qu'un membre de ce gouvernement est susceptible de poursuites pour des faits en relation avec ces mêmes événements ».

Après le tribunal correctionnel de la Seine, 16 avril 1964, la cour d'appel de Paris, dans un arrêt du 17 février 1965, mit hors de cause Jacques Isorni, en consacrant l'immunité de la défense :

> Le principe de l'immunité édicté par le paragraphe 3 de l'article 41 de la loi du 29 juillet 1881 protégeant la liberté de la défense présente un caractère d'ordre public et que l'exception prévue par le paragraphe 5 du même article ne peut recevoir aucune interprétation extensive [...].

> On ne saurait dire qu'un fait dont l'allégation pouvait être utile à la défense de l'accusé étranger à la cause de celui-ci ;
> [...] que les imputations diffamatoires concernant le ministre des Finances, contenues dans les conclusions écrites déposées, et la plaidoirie prononcée... ne peuvent pas donner lieu à une action en diffamation, cet écrit et ce discours étant couverts par l'immunité prévue par l'article 41, paragraphe 3 de la loi du 29 juillet 1881 ; que les poursuites exercées par le Ministère public contre Isorni doivent donc être déclarées irrecevables[4].

Les temps ont changé, mais la tranquillité d'esprit n'est pourtant pas encore aujourd'hui au rendez-vous. Ainsi les discours et écrits d'un avocat devant une juridiction, à défaut d'être pénalement sanctionnables, peuvent-ils toujours lui être reprochés sur le plan disciplinaire. La première chambre civile de la Cour de cassation a, par exemple, confirmé un arrêt rendu par une cour d'appel après poursuites disciplinaires à l'initiative du procureur de la République :

> Mais attendu que l'arrêt énonce exactement que l'article 41 de la loi du 29 juillet 1881, qui n'institue qu'une immunité pénale, et dans la mesure seulement où les propos n'excèdent pas les limites du droit de la défense, n'est pas applicable en matière disciplinaire ; que le moyen ne peut être accueilli[5].

La liberté de la défense et la liberté de son expression sont protégées par les textes nationaux et internationaux, notamment la Convention européenne de sauvegarde des droits de l'homme et des libertés fondamentales, la notion de fait justificatif de défense reconnue également. C'est cependant une lutte permanente pour les avocats, leurs ordres et organes de représentation, à l'action essentielle ici, de s'assurer du respect de l'intégrité de la première et de l'effectivité de chacune des deux libertés considérées. Rien n'est simple quotidiennement, et la vigilance combative chez les avocats est de rigueur, individuelle et collective, face à certaines atteintes récurrentes, comme autant d'entailles à leur droit de défendre : écoutes téléphoniques, perquisitions dans les cabinets...

C'est, bien sûr, durant les enquêtes, les instructions, les audiences, que l'état de résistance habite l'avocat, face à l'accusation et, parfois, face aux enquêteurs et aux magistrats. Par la procédure, par l'analyse des faits en débats, par les règles juridiques de fond, il doit s'opposer, ou essayer de le faire, au reproche pénal dirigé contre son client. Défendre, c'est en soi, déjà, illustrer et démontrer l'existence d'un État de droit, c'est-à-dire d'un État qui a pour moyens et but la protection et le respect des droits de l'homme. Un tel État ne se borne en effet plus désormais à une simple hiérarchie des normes juridiques, qui voit chacune tenue de respecter celle qui lui est supérieure (décret, loi, traités internationaux, constitution).

Le professeur Jacques Chevallier définit ainsi la conception moderne de l'État de droit :

> Au-delà de la hiérarchie des normes, l'État de droit va désormais être entendu comme impliquant l'adhésion à un ensemble de principes et de valeurs qui bénéficieront d'une consécration juridique explicite et seront assortis de mécanismes de garantie appropriés ; la conception formelle se trouve ainsi relayée par une conception matérielle ou substantielle, qui l'englobe et la dépasse : la hiérarchie des normes devient elle-même une des composantes de l'État de droit substantiel... Cet État de droit substantiel comporte deux aspects : d'une part, l'idée que la règle de droit est tenue de présenter certaines caractéristiques intrinsèques, répondant à l'impératif de sécurité juridique ; d'autre part, la reconnaissance de « droits fondamentaux » devant faire l'objet de mécanismes de protection appropriés [6].

La Convention européenne de sauvegarde des droits de l'homme et des libertés fondamentales (CEDH), par exemple, consacre des droits fondamentaux, essentiellement civils, politiques ou judiciaires, que les

États signataires, dont la France, doivent assurer à toute personne. Sont compris au titre de ces droits fondamentaux « des droits face à la justice (légalité des délits et des peines, non-rétroactivité de la loi pénale, présomption d'innocence, droit à un recours effectif, droits de la défense)[7] ».

L'avocat qui permet effectivement à un justiciable de bénéficier des garanties qui lui sont reconnues théoriquement contribue ainsi à préserver, à construire même, l'État de droit, dont il est, avec d'autres, tout à la fois le maçon et le rempart. Un défenseur est en effet là pour faire valoir les droits de son client, au rang desquels le droit, général et particulier, pas simplement d'apparence et formel, à un procès équitable, à tous les stades de ce procès et pas uniquement lors de sa tenue publique.

Mais, en résistant à ce qui, de près ou de loin, consciemment ou inconsciemment, s'attaque aux libertés individuelles, l'avocat fait plus que veiller aux intérêts du seul justiciable mis en cause. Il défend alors aussi, avec les droits fondamentaux de son client, l'État de droit et l'institution judiciaire, le cas échéant et si nécessaire contre elle-même. Il s'attache corrélativement à faire respecter, par tous et à tout instant, la personne du justiciable et son irréductible dignité. En servant de bouclier à un accusé, sans héroïsme donc mais avec une fermeté de conviction et d'action parfois inconfortable, y compris sur le plan psychologique, l'avocat protégera, de nouveau, davantage que cet accusé. Il défendra parallèlement l'enquêteur, le confrère adverse, le magistrat contre eux-mêmes, leur évitant d'abîmer leur propre dignité en s'en prenant à celle d'un autre.

Par ailleurs et de manière globale, une institution finit souvent par obéir à une logique propre, au risque de lui faire oublier ce pour quoi elle a été créée et existe. Dossier après dossier, dans l'intérêt de ses clients et d'une justice attentive aux personnes, chaque avocat essaiera, avec plus ou moins de succès, de contenir ce péril, redoutable, renouvelé : gestion des flux, statistiques, ordre public et non justice, refus de demandes justifiées de renvois d'audiences, etc.

La résistance n'est pas un but en soi, seulement le moyen de défendre en conscience, sans transiger avec les exigences d'une défense véritable, investie humainement d'abord, techniquement ensuite. Elle est une façon, dictée par les événements, de ne jamais abandonner le client, de ne pas se rendre.

Je défendais dans un dossier juridiquement complexe un homme accusé d'un délit financier. Après une longue instruction, il avait été renvoyé devant un tribunal correctionnel, qui l'avait relaxé. Appel ayant été formé par le parquet général, l'affaire revenait à la cour d'appel. Quelques heures avant le procès, j'avais préparé, à la hâte, de brèves conclusions additionnelles ; elles portaient sur une difficulté de procédure qu'il m'était encore possible de valablement soulever devant la cour. J'avais en effet un mauvais pressentiment, que la suite des événements confirma. L'audience devait ainsi mal se dérouler, avec un président suffisamment acide pour que transparaisse sa conviction quant à la culpabilité du client, mais pas assez pour donner prise à un incident. Le dossier tournait à la catastrophe.

Je décidais alors, ce qui n'était pas tranché jusqu'ici, de soutenir mes conclusions, s'ajoutant à celles, nombreuses et volumineuses, dont la juridiction avait à connaître. Le client, des années plus tard, se souvenait de l'ironie que ces écritures, balayées en un ou deux paragraphes dans l'arrêt futur de condamnation, avaient immédiatement suscitée chez le président lors des débats. Après un arrêt de rejet par la Cour de cassation, la Cour européenne des droits de l'homme « censurait » pourtant les décisions françaises, validant l'argument exposé, sommairement, dans les conclusions destinées à la cour d'appel, puis de façon plus élaborée devant la chambre criminelle. L'énergie du désespoir avait ici tenu la plume, forçant mon imagination à travailler, dans l'urgence et la pression de l'audience, pour tenter de sauver le client. Ce dernier l'a été, puisque la justice française, respectant l'arrêt de la Cour européenne, a réexaminé son affaire, l'a renvoyée devant la même cour d'appel, autrement composée, qui a définitivement relaxé le prévenu.

Des dizaines de pages compliquées de conclusions, de mémoires, des jours de procès, des heures de préparation et de plaidoiries, pour, finalement, devoir son salut à quelques mauvaises lignes, « inventées » en quelques minutes sur un coin de table, nées initialement de la crainte, puis du constat et de la révolte qui allait avec, d'une condamnation jouée d'avance... C'est souvent, en réalité, une forme d'instinct de « survie » procédural qui pousse à prendre des conclusions devant des juridictions afin de soulever une irrégularité, réclamer une expertise, des investigations complémentaires, un renvoi de l'audience en cours..., à solliciter également un donné acte devant des cours d'assises, pour conserver dans la mémoire des débats faits et événements susceptibles de servir, maintenant ou demain, la cause du client.

Les jours des plaideurs ne peuvent s'écouler paisiblement dans une société aussi inquiète, au désir de punir toujours plus présent et à la répression toujours plus facile. Pour mieux mesurer les effets à attendre de cette course sans fin, avec la prison, fût-elle avec sursis, comme peine de référence mentale et la punition comme condition à toute vie collective possible, il n'est pas inutile, peut-être, de se souvenir de la pensée de Michel Foucault :

> Mais l'effet le plus important peut-être du système carcéral et de son extension bien au-delà de l'emprisonnement légal, c'est qu'il parvient à rendre naturel et légitime le pouvoir de punir, à abaisser du moins le seuil de tolérance à la pénalité. Il tend à effacer ce qu'il peut y avoir d'exorbitant dans l'exercice du châtiment. Et cela en faisant jouer l'un par rapport à l'autre les deux registres où il se déploie : celui, légal, de la justice, celui, extralégal, de la discipline. [...]
> La généralité carcérale, en jouant dans toute l'épaisseur du corps social et en mêlant sans cesse l'art de rectifier au droit de punir, abaisse le niveau à partir duquel il devient naturel et acceptable d'être puni [8].

Défendre, c'est aussi lutter, avec le luxe final de ne pas être interrompu le temps donné d'une plaidoirie, contre une organisation sociale qui reléguerait liberté et fraternité à une place subalterne. Un avocat n'est cependant pas seul avec lui-même, face à des éléments qu'il perçoit ou qui sont, parfois brutalement, contraires aux droits fondamentaux, à la cause ou à la personne de son client. Il est aussi l'héritier d'une tradition, façonnée par les confrères, connus ou anonymes, qui l'ont précédé.

Un bâtonnier m'avait demandé de défendre, à ses côtés, il y a des années, un responsable politique, par ailleurs professionnel reconnu et respecté dans son domaine d'activité. Cet homme était convoqué dans une affaire médiatique pour être mis en examen par un juge d'instruction ; ce dernier espérait sans doute implicitement qu'il mettrait en cause le protagoniste « principal » du dossier, ce que le client ne fera jamais. Il n'avait en effet aucune raison de le faire et, homme de principes, il n'entendait pas échanger sa tranquillité judiciaire contre des accusations infondées. Le reproche pénal dirigé contre le client ne tenait pas plus juridiquement que factuellement, ce qui n'empêcha pas sa mise en examen, assortie, pour faire bonne mesure, d'un contrôle judiciaire aussi vexatoire qu'inutile.

Le bâtonnier, maire d'une commune aisée, avait les apparences trompeuses du notable de province, au cabinet civiliste prospère ; il appartenait, en réalité, à une génération d'avocats qui, commis ou choisis, avaient défendu pied à pied les militants indépendantistes algériens et pour lesquels, hier comme aujourd'hui, les droits de la défense étaient sacrés. Dans l'ambiance très tendue de la fin d'interrogatoire, il regarda le client et l'ordonnance de contrôle judiciaire, déposée devant celui-ci pour signature. Sans élever la voix, il dit simplement que notre client ne signerait pas le document. Cette absence de signature n'avait aucune importance juridique, mais posait une volonté de rupture de notre part ; cela permettra aussi, médiatiquement, d'allumer un contre-feu à la mise en examen avec ce refus, glacial, élevé face à une injustice. Le client sera, par la suite, relaxé devant le tribunal correctionnel, les conditions de fond du délit n'étant pas réunies. Il aura été, ce qui est sûrement peu de chose, blessé à vie par une accusation sans objet.

Ce moment d'avocat est modeste, sans éclat, ne voulant illustrer qu'une continuité tranquille, solide, d'opposition à l'erreur ou à l'excès judiciaire, une nécessaire transmission, également, des réflexes d'une défense respectueuse de son passé, de ses clients et de leurs droits. Bien sûr, pour s'inspirer de l'aphorisme célèbre de René Char, repris par Hannah Arendt, « notre héritage n'est précédé d'aucun testament[9] » ; chacun a ainsi sa liberté d'agir et de défendre, comme il le peut et le veut.

Mais qu'importent la nature du dossier, financier, médical, de « droit commun »... ou la condition sociale de l'accusé, responsable politique, chef d'entreprise, sans domicile fixe... Un procès pénal, c'est une femme, un homme, qui ne se réduisent jamais à un acte, ni à l'encre de procès-verbaux.

C'est aussi chaque fois, fondamentalement, la même histoire, le même combat : une femme, un homme, face à eux-mêmes et à une institution.

Robert Badinter avait ces mots : « En réalité pour l'avocat, il n'est qu'une seule passion : défendre. Encore, toujours, inlassablement défendre, sans jamais céder, sans jamais renoncer, sans jamais, même un instant, reculer : défendre, défendre, défendre[10]. »

Propos libre sur l'état de résistance

par Jean Boudot

L'avocat pénaliste est donc construit sur un « rejet originel et structurant » : « une accusation, d'abord, ne s'accepte intellectuellement pas ». Ce « refus, qu'une inquiétude et une réflexion accompagnent », conduira l'avocat à « ne pas supporter les vérités admises », à « remettre l'évidence elle-même en chantier », pour devenir un véritable « empêcheur de juger en rond ». Et, pour cela, il devra d'abord « se défaire de son opinion, susceptible d'être hâtivement formée » et éprouver envers lui-même « la solidité de ses propres défenses ». Il n'est pas une virgule à ajouter à ces mots-là, pour dire le ressort commun de nos exercices.

Commun, tout en étant assurément très « intime » : il aura pour chacun d'entre nous une origine singulière, née de nos histoires personnelles, d'une infinie variété. Je me suis alors demandé comment les contributeurs de *Défendre* décriraient, chacun pour ce qui le concerne, l'origine de ce ressort intime. « Tu as lu le chapitre de Jean-Félix ? Quel est le ressort pour toi ? » Voici quelques-unes des réponses reçues :

- « Je suis devenu avocat un peu par hasard. J'ai compris, en commençant ce métier, que le droit était la langue du pouvoir. J'ai toujours cru, et je continue à le croire, qu'on peut changer le monde. J'ai ainsi vraiment choisi cette profession quelques mois après y être entré… Elle m'a semblé représenter une possibilité unique de résister aux injustices, de refuser la fatalité du monde tel qu'il était ou est encore, et ce dans un cadre démocratique, avec des règles encadrant le combat. »
- « Je refuse de laisser un homme seul, face à lui-même, et face au groupe qui l'accuse. »
- « Il est chez moi un écho à cette inclination naturelle à ne pas hurler avec les loups et à être davantage du côté de celui qui est seul contre tous. Et depuis que je suis avocat, à lutter contre cette fatalité issue de la médiocrité ambiante, qui fait qu'un trop grand nombre d'entre nous laissent passer avec indifférence des choses pourtant inacceptables. »
- « Aussi loin que je me souvienne, j'ai toujours voulu défendre. Je n'ai cependant jamais réussi à pleinement intellectualiser l'origine de mon état de résistance tant il est profond, intime et instinctif. Je crois qu'il trouve sa source dans le rapport particulièrement problématique que j'entretiens avec l'autorité. »

• « Il a toujours été question de résister à ce que je percevais comme des atteintes à l'équité. Dès les commissions de discipline, au lycée. J'ai même fait quelques actions de désobéissance civile avant d'être avocate. J'ai donc poli, habillé, tempéré cet état de résistance. En somme, je l'ai professionnalisé. »

• « Je ne crois pas être arrivé dans le métier avec un état de résistance chevillé au corps. Je pense qu'il a éclos lorsque j'ai pris conscience du poids de notre robe et de la confiance que l'individu comme la société mettent dans notre fonction. »

J'ai, pour ce qui me concerne, reçu de deux « hussards noirs » une éducation républicaine intransigeante, qui a ancré en moi l'idée que le support précieux de notre vie collective, et le seul légitime, était la loi – pas l'ordre, les deux notions différant considérablement[a]. À la différence de l'une des contributrices de *Défendre*, j'étais de ce fait assez naturellement respectueux de l'autorité, très policé. Ce sont mes maîtres, et ma robe, qui ont terminé mon éducation et mis en moi cet état de résistance. N'imaginez pas, d'ailleurs, que notre robe noire soit un simple habit. Elle porte en elle une telle puissance symbolique, elle nous oblige, nous forge, nous protège, nous relie à une histoire, à nos pairs, à ceux qui nous ont précédés, à ceux qui luttent, ailleurs, au prix de tant de périls parfois. Et nous ne sommes jamais exactement les mêmes lorsque nous la portons.

a. « Savez-vous ce que j'aime ? Moi, ce que j'aime, c'est la loi. Pas l'ordre. L'ordre, je m'en fous, je serais même un excellent fouteur de merde » (Claude Rich à Marlène Jobert dans *La Guerre des polices*, film de Robin Davis, 1979).

CHAPITRE 4
Le secret

par Matthieu Boissavy

« Un secret a toujours la forme d'une oreille [1]. »
Jean COCTEAU.

Bossuet, confesseur des grands du royaume, le prêchait : on ne peut pas permettre à l'homme de se mépriser tout entier. Ajoutons que, si ce dernier est jeté à terre, au plus profond d'un cachot ou dans les pires souffrances du mal, il doit voir se pencher à ses côtés un autre homme pour l'écouter en secret, lui tendre la main et l'aider à se relever.

Cet autre, ce frère ou cette sœur en humanité, dans la justice, c'est d'abord un avocat. *Advocatus*, celui qu'on appelle à son secours, celui qui écoute et qui comprend sans juger ; celui qui intercède et qui plaide. Et s'il n'en reste qu'un aux côtés du justiciable il sera celui-là. Pour que justice soit rendue à celle ou à celui qu'il défend, accusé ou victime.

Confiance, confidence, défense

La libre défense de tous les justiciables est une des conditions essentielles d'une bonne justice. Elle nécessite qu'une relation de confiance se noue entre l'avocat et son client. Cette confiance ne peut naître et subsister que si les confidences du client à son avocat ne servent qu'à la défense de celle ou de celui qui se confie. Le justiciable doit être assuré que rien de ce qu'il dit à son avocat ne sera répété, ou connu, sans son accord et pour sa défense. Autrement, sachant que ces confidences pourront être révélées et retenues contre lui, il est probable qu'il restera cloîtré dans son silence et son mystère, déjà emmuré par la peur. Sans compter que les conseils de l'avocat à son client, s'ils peuvent être connus des tiers et des autorités, perdraient de leur force. Nul ne pourrait alors présenter une défense utile et efficace à son juge.

Confident nécessaire, l'avocat peut revendiquer pour son client un secret professionnel opposable en principe à tous, ce qui peut apparaître comme un privilège incompréhensible aux yeux de certains qui contestent même le principe de la défense pénale.

La France a connu une période d'effacement d'une défense pénale digne de ce nom. Sous l'Ancien Régime, les accusés au grand criminel ne pouvaient pas être assistés d'un avocat. « Les accusés, de quelques qualités qu'ils soient, seront tenus de répondre par leur bouche, sans le ministère de conseil[2] » : l'ordonnance criminelle de 1670 veillait non seulement à ce que ces accusés ne soient pas assistés d'un défenseur, mais aussi à ce que la torture, méthodiquement exécutée à l'encontre des silencieux, ou de ceux protestant sans vergogne de leur innocence, provoque leurs aveux.

La Déclaration des droits de l'homme et du citoyen de 1789, reconnaissant et garantissant à l'homme des droits naturels, inaliénables et sacrés, dont les droits de la défense, a permis de faire renaître la fonction de défenseur dans la justice pénale[a]. Et donc de raviver indirectement le secret des échanges entre un avocat et son client tant ce secret est consubstantiel à la pratique de la défense.

---

a. Cette renaissance ne fut circonscrite jusqu'à la loi Constans de 1897 qu'à la phase de l'audience de jugement.

Ce secret est l'instrument indispensable pour préserver l'intégrité de la conscience et de la liberté de l'individu face à l'État et à la société[3]. Qu'on songe un instant à la situation où tout un chacun pourrait connaître la conscience de l'autre, où aucun de nos rêves, aucune pensée intime, bonne ou mauvaise, ne pourrait jamais être à l'abri d'une captation par autrui ou par l'État et son appareil répressif. Toute liberté individuelle serait annihilée. La préservation des secrets de notre conscience contre toute révélation non souhaitée est la garantie de la protection de notre for intérieur, de notre liberté.

En permettant au justiciable de partager, sans risque, le fardeau de sa conscience avec un avocat, le secret accroît l'espace de liberté de chaque individu face à l'État dans notre société. Ce partage est indispensable pour faciliter la compréhension par l'avocat de l'homme qu'il défend et des faits dont on l'accuse ; en bref, pour préparer une stratégie de défense.

Confronté à une accusation par l'autorité publique, le justiciable est dans un état de faiblesse. Qu'il soit ouvrier ou grand patron, l'homme accusé est dans la peur. Peur de perdre sa liberté, sa réputation, sa famille, ses amis, tout ou partie de son patrimoine. Et même s'il se sait innocent, il craint le regard des autres le temps de la procédure, l'abus des autorités ou l'erreur judiciaire. La peur menace de lui faire perdre son calme, ses moyens, son discernement. Seul l'avocat à ses côtés, lui qui connaît le fonctionnement du système judiciaire et qui pratique la défense pénale, peut apporter non seulement un réconfort, mais des conseils avisés pour présenter au mieux sa défense.

Ces conseils ont plus de probabilité de pertinence si l'avocat est dans un rapport de confiance avec son client et que celui-ci échange avec lui sans crainte de voir révéler ses propos : « Ce sont donc les lois qui instituant l'avocat lui imposent la loi du secret sans laquelle son ministère ne peut subsister et ses fonctions sont impossibles[4]. »

Le devoir de se taire

L'avocat est donc tenu au secret. Par son éthique professionnelle et par la loi. L'obligation cardinale au silence concerne les informations que l'avocat recueille auprès de son client dans le cadre de sa mission de défenseur. Au XIXe siècle, dans son ouvrage les *Règles de la profession d'avocat*, François-Étienne Mollot rappelle que les confidences du client sont couvertes par un secret impénétrable et que l'obligation pour l'avocat de ne pas les révéler était une question de religion avant que la loi pénale l'en eût fait un devoir d'état[5].

Il est courant de rapprocher le secret de l'avocat avec celui du médecin ou celui de la confession auprès du prêtre catholique. « Ce que j'ai entendu en confession je le sais moins que ce que je n'ai pas entendu » : cette parole attribuée à saint Augustin rappelle la force du secret de la confession que même l'Inquisition respectait. Les règles sur le secret dans la profession d'avocat en sont imprégnées. Certains ne voient-ils pas en l'avocat un paraclet, une figure christique, un défenseur pour tous ceux qui ont péché ?

Les ordres d'avocats furent donc les premiers à revendiquer le secret absolu des confidences des justiciables auprès de leurs défenseurs. Puis vint la reconnaissance législative et jurisprudentielle. La première loi à consacrer ce secret fut l'article 378 du Code pénal de 1810. Par peur des scandales et des calomnies que pouvait occasionner l'indiscrétion des médecins, officiers de santé et autres personnes dépositaires, par état, par profession ou par fonction – donc aussi les avocats – à propos des secrets qu'on leur confie, cet article punissait leur révélation. L'essentiel de sa rédaction fut repris par le nouveau Code pénal de 1992. L'infraction de la violation du secret professionnel est aujourd'hui sanctionnée par l'article 226-13 du Code pénal :

La révélation d'une information à caractère secret par une personne qui en est dépositaire soit par état ou par profession, soit en raison d'une fonction ou d'une mission temporaire, est punie d'un an d'emprisonnement et de 15 000 euros d'amende.

La répression de la violation du secret ne vise pas seulement à protéger l'intérêt privé de la personne concernée. L'État de droit reconnaît que la société tout entière est touchée par cette infraction. L'intérêt général est donc concerné. C'est pourquoi Émile Garçon, éminent professeur de droit et père de Maurice Garçon, illustre avocat du XXe siècle, écrit dans son commentaire de l'ancien article 378 du Code pénal :

> Le bon fonctionnement de la société veut que le malade trouve un médecin, le plaideur un défenseur, le catholique un confesseur, mais ni le médecin, ni l'avocat, ni le prêtre ne pourraient accomplir leur mission si les confidences qui leur sont faites n'étaient assurées d'un secret inviolable. Il importe donc à l'ordre social que ces confidents nécessaires soient astreints à la discrétion et que le silence leur soit imposé sans condition ni réserve, car personne n'oserait plus s'adresser à eux si l'on pouvait craindre la divulgation du secret confié. Ce secret est donc absolu et d'ordre public[6].

Le caractère absolutiste du secret est repris par l'article 2.1 du règlement intérieur national de la profession d'avocat :

> L'avocat est le confident nécessaire du client. Le secret professionnel de l'avocat est d'ordre public. Il est général, absolu et illimité dans le temps.

Ce rattachement à l'ordre public de protection explique pourquoi l'avocat ne peut jamais être relevé, même par son client, de l'obligation de garder secrets les échanges qu'ils ont eus ensemble. Et ce même si le client est libre d'en révéler la teneur quand bon lui semble.

Quelle est l'étendue de ce secret ?

De nouveau, la loi, par l'article 66.5 de celle concernant certaines professions judiciaires et juridiques de 1971, le précise :

> En toutes matières, que ce soit dans le domaine du conseil ou dans celui de la défense, les consultations adressées par un avocat à son client ou destinées à celui-ci, les correspondances échangées entre le client et son avocat, entre l'avocat et ses confrères à l'exception pour ces dernières de celles portant la mention « officielle », les notes d'entretien et, plus généralement, toutes les pièces du dossier sont couvertes par le secret professionnel.

Le public a rarement conscience de l'intérêt social primordial de la confidentialité des échanges entre avocats. Combien de négociations et de protocoles transactionnels, qui préviennent ou mettent un terme à autant de procès, ne pourraient jamais être engagés sans cette confidentialité ? Les avocats peuvent ainsi se transmettre des propositions et des propos sans avoir à craindre, en cas d'échec de leurs discussions, que leur contenu en sera révélé au juge. Cette confidentialité, protégée par le secret professionnel, est au service de la résolution amiable des litiges, comme au pénal entre un accusé et une partie civile.

Aucun article de loi n'évoque la foi du palais. Mais cette pratique judiciaire est pourtant un élément essentiel du bon fonctionnement du système judiciaire. Elle consiste à garder secrets par principe les propos que s'échangent, hors de l'audience, les avocats d'une part et les magistrats, du siège ou du parquet, d'autre part sur une affaire particulière. Le but de cette pratique est de favoriser la communication entre les partenaires de justice, leur permettre de se confier de manière informelle, afin là aussi de les aider à remplir au mieux leurs fonctions. Bien entendu la connivence ou la trahison de l'intérêt du client sont à exclure. Cette pratique ne peut jamais aller à l'encontre du client ou des principes du procès équitable, et notamment de celui de la loyauté procédurale. Nul doute que la pratique de la foi du palais est appelée à se développer avec la justice pénale négociée, par exemple le plaider coupable de la comparution sur reconnaissance préalable de la culpabilité ou encore la convention judiciaire d'intérêt public.

L'avocat est aussi tenu de respecter d'autres secrets. Ainsi celui des enquêtes pénales, enquêtes préliminaires ou d'instructions, dont il ne peut révéler le contenu aux tiers, y compris à la famille de son client, sous réserve toutefois – et avec mille précautions – de l'exercice des droits de la défense. Ce secret se justifie par la nécessité d'une part de préserver la présomption d'innocence des personnes mises en cause et la vie privée des victimes dans ces enquêtes, et d'autre part d'éviter de nuire à l'efficacité des investigations opérées en vue de la manifestation de la vérité. Il est souvent critiqué et, en réalité, rarement respecté dans les affaires qui intéressent les médias. Les journalistes parviennent très souvent à obtenir des informations en violation du secret de ces enquêtes, et le secret, légitime, de leurs sources pour la liberté de la presse ne permet pas de découvrir qui parmi tous les acteurs de la chaîne pénale et des partenaires de justice (policiers, gendarmes, greffiers, magistrats, experts, avocats...) les a renseignés.

Le droit du silence

Ce colloque singulier entre l'avocat et son client, les juges le protègent face aux tentatives d'intrusion des tiers et des autorités dans la mesure où ils acceptent qu'une libre défense puisse s'exercer. Il n'y a pas que le Code civil à lire pour nous inspirer, comme le conseillait Stendhal à Balzac. La lecture de quelques grands arrêts libéraux de la chambre criminelle est aussi de nature à élever l'âme, au moins celles, toujours sensibles, des avocats pénalistes :

> Attendu que le principe de la libre défense domine la procédure criminelle ; qu'il commande d'affranchir de toute entrave les communications des accusés avec leurs conseils ; qu'il est interdit à ces derniers, sous les peines portées par l'article 378 du Code pénal, de révéler les secrets qui leur ont été confiés, et qu'ils sont même dispensés d'en déposer, comme témoins, devant les tribunaux ; qu'il suit de là qu'il n'est point permis de saisir dans leurs domiciles les papiers et lettres missives qu'ils ont reçus de leurs clients, et que, par une conséquence nécessaire, il n'est pas permis de saisir, avant qu'elles leur soient parvenues, les lettres qui leur sont envoyées, puisqu'elles commencent la communication qui doit être respectée et portent la confidence qui doit être sacrée[7].

Dans cette affaire d'homicide jugée en 1886, la copie d'une lettre écrite par l'accusé Laplante à son défenseur et contenant l'aveu du crime avait été retenue, jointe au dossier et remise au jury, après clôture des débats, avec l'ensemble des pièces du procès. Bien que l'accusé eût déjà avoué le crime dans ses interrogatoires et que cette lettre à son avocat ne faisait que renouveler cet aveu, la Cour de cassation annule l'arrêt de condamnation de la cour d'assises de la Seine. Pour la chambre criminelle, le dépôt de cette copie dans le dossier et sa transmission au jury constituent une violation manifeste des droits de la défense qui doit entraîner l'annulation de la condamnation. Sur le seul fondement d'un principe de droit naturel, « le principe de libre défense qui domine la procédure criminelle », la Cour de cassation rappelle dans cet arrêt la force et toutes les facettes du secret absolu qui couvre la confidence, « sacrée », écrit-elle, entre un accusé et son avocat.

Quelques années plus tard, en 1897, elle consacrera de nouveau la protection du secret de cette confidence sacrée y compris pour les lettres d'un accusé à un avocat qui n'a pas encore accepté son mandat de défenseur : « Le principe de libre défense qui domine toute la procédure criminelle, et qui commande de respecter les communications confidentielles des accusés avec les avocats qu'ils ont choisis ou veulent choisir comme défenseurs [8]. »

Cette jurisprudence protectrice des droits de la défense, dès leur conception de naissance pourrions-nous dire, a été remise en cause par un arrêt du 22 mars 2016 d'une autre chambre criminelle, plus répressive, de la Cour de cassation [9]. En effet, cet arrêt conditionne la protection du secret des échanges entre l'avocat et un justiciable à l'existence du statut de gardé à vue, de témoin assisté ou de mis en examen de ce justiciable. Tout échange avec un avocat antérieur à l'un de ces statuts pouvait dès lors être mis à nu et retranscrit dans une procédure pénale. En clair, imaginez que vous craigniez d'être accusé, à tort, d'avoir assassiné votre voisin trop bruyant, qu'on a retrouvé mort hier soir au bas de votre immeuble après une dispute avec vous, alors que celui-ci, de manière certes incroyable puisque vous étiez en conflit avec lui, vous avait prêté son téléphone portable. Ignorant que ce téléphone est déjà sur écoute téléphonique et avant même d'avoir été interpellé par la police, vous téléphonez avec cet appareil à un avocat pour lui raconter l'affaire et lui demander s'il serait disposé à vous défendre. Sur la foi de cet arrêt de 2016 toute votre conversation téléphonique pourrait être retranscrite sur procès-verbal et versée dans la procédure au nom de la manifestation de la vérité. Cet arrêt a été conforté par un autre du 18 décembre 2024 de la même chambre criminelle qui a validé l'utilisation, à titre de preuve de la culpabilité d'un avocat et de son client, de la retranscription des conversations entre eux ayant donné lieu à l'arrêt de 2016 [10]. Au-delà de la limite, on dépasse les bornes. Du raisonnable. Et du juste.

La loi Confiance dans l'institution judiciaire du 22 décembre 2021, dans ses dispositions sur le secret professionnel de l'avocat, a pourtant vocation à mettre un terme à cette jurisprudence et à revenir à la solution de l'arrêt de 1897. Avec les recours devant les juridictions européennes contre ce type de décisions l'avenir nous dira si l'opposabilité du secret des confidences entre l'avocat et son client peut être mieux protégée. N'oublions pas que la jurisprudence française, sur ce sujet du secret professionnel de l'avocat, s'est déjà montrée rebelle à la volonté du législateur. N'oublions pas non plus que cette loi pourrait donner lieu à une interprétation consacrant la déchirure jurisprudentielle de ce secret en deux, entre celui du conseil et celui de la défense.

Depuis des temps immémoriaux, en tout cas depuis le *Digeste* de Justinien, « l'avocat ne porte pas témoignage » des confidences reçues par lui de son client ni des conseils qu'il lui prodigue. L'avocat, réquisitionné par les forces de police ou cité à comparaître comme témoin par une juridiction, peut donc opposer le secret professionnel pour refuser de répondre aux questions qui l'amèneraient à révéler des informations qu'il n'a pu connaître que dans le cadre de sa mission de conseil et de défenseur. Mais cette protection n'est pas absolue, et la jurisprudence ou la loi elle-même permet à l'État et son appareil judiciaire de connaître le secret de certaines confidences si des raisons impérieuses l'imposent pour la protection de la société ou des droits d'autrui. En résumé, ce que la loi et les juges ne permettent pas, c'est l'intrusion des autorités dans l'exercice légitime des droits de la défense alors que l'avocat n'est pas soupçonné d'avoir commis une infraction.

Dans ce cadre-là, toute retranscription d'écoutes ou toute saisie de documents couverts par le secret de l'avocat par des autorités, de police ou judiciaires, est généralement jugée comme étant abusive, illégale ou illégitime, contraire à la « libre défense qui domine la procédure criminelle ».

En revanche, ce que la chambre criminelle de la Cour de cassation admet plus facilement, c'est l'intrusion de ces autorités dans la relation entre un avocat et son client lorsque celle-ci n'est pas rattachée à l'exercice des droits de la défense, c'est-à-dire dans le domaine du conseil juridique pur.

Même en admettant que cette séparation entre conseil et défense soit légitime – par exemple les pays de *common law* ne l'admettent pas et reconnaissent le principe de l'opposabilité du *legal privilege* à l'encontre des autorités dans toutes les matières, conseil ou défense, avec des exceptions –, la difficulté est de savoir ce qui dans l'activité de conseil est détachable ou non de l'exercice des droits de la défense. Ainsi, la consultation d'un avocat pénaliste sur les risques de la commission d'une infraction, avant toute commission de celle-ci est-elle du conseil juridique pur ou du conseil juridique en lien avec l'exercice des droits de la défense ? Au vu de la circulaire du 28 février 2022 du ministère de la Justice, si l'infraction est commise après cette consultation, le ministère public pourrait être tenté de la qualifier de conseil juridique sans lien avec l'exercice des droits de la défense afin de la saisir. Le barreau s'oppose à cette doctrine permettant la levée du secret dès lors que l'avocat n'a pas participé à la commission de l'infraction.

Autre exemple de la possibilité pour les autorités de s'immiscer dans la relation entre avocat et client, la lutte contre le blanchiment des capitaux. Sur ce sujet, la question est tranchée : hors le domaine juridictionnel, dans les affaires de transactions financières ou immobilières, l'avocat est tenu d'informer son bâtonnier s'il a des doutes sur l'origine des fonds de ses clients, et c'est le bâtonnier qui procédera auprès de Tracfin à une déclaration de soupçon. Le recours au bâtonnier, voilà l'une des solutions recommandées par la profession lorsque l'avocat est confronté à un cas de conscience et qu'il est pris dans les tourments du secret professionnel.

Les tourments du secret

Tous ces secrets peuvent enfin plonger l'avocat dans des tourments de conscience. Les propos d'un client sur les faits qui lui sont reprochés peuvent être en décalage, parfois même en contradiction, avec la réalité d'un dossier à la fin des investigations. Dès lors que croire et que plaider qui reste cependant crédible pour convaincre ? Mille défenses sont encore possibles. La défense ne dépend pas de la seule réalité probatoire des faits, réalité dépendante de plusieurs interprétations et contestations. Au-delà de la commission des faits, l'avocat doit vérifier la qualification juridique qui leur est donnée, si des faits justificatifs ne sont pas de nature à les excuser pénalement, si la prescription ne s'applique pas, si la loyauté procédurale a été respectée dans la collecte des preuves... Bref, la défense pénale ne se résume pas à plaider la pure innocence.

Pour l'avocat, dans l'intérêt de son client, la règle d'or à suivre est la préservation de sa crédibilité et de sa sincérité. Sa crédibilité, car un avocat ne peut convaincre que si ce qu'il soutient au juge est vraisemblable, à défaut d'être certain. Sa sincérité, car l'avocat ne peut se mentir à lui-même ni sciemment mentir au juge. Crédibilité et sincérité sont liées. L'avocat dont on perçoit l'insincérité n'est plus crédible, il est donc inefficace.

Que faire si l'avocat apprend par son client, qui clame publiquement son innocence, qu'il a en réalité commis le crime dont on l'accuse mais qu'il souhaite tout de même plaider l'acquittement ? Si les preuves de la culpabilité de son client manquent au dossier, l'avocat respectera son serment et sa mission de défense en relevant cette absence de preuves. Mieux vaut s'attacher à la réalité de la défaillance de l'accusation qu'à des aveux confidentiels dont la force probante est relative. Il s'est vu des accusés s'imputer la commission d'un crime qu'ils n'avaient pas commis pour couvrir les vrais coupables. En revanche, si les preuves accablent son client, qu'aucun fait justificatif ne l'excuse, que la procédure est régulière mais que son client souhaite plaider l'acquittement, ce dernier est le seul à décider *in fine* de sa ligne de défense et à l'assumer. Un avocat ne peut jamais trahir la volonté de son client. Mais il lui appartient d'estimer s'il peut encore porter à ses côtés, et dans l'intérêt de la défense, une parole crédible aux oreilles des juges ou bien s'il doit se déporter – pour peu que les circonstances le lui permettent – s'il pense qu'un autre avocat saura mieux le défendre que lui.

Que faire si, toujours sous le sceau du secret, l'avocat apprend qu'un autre accusé, réellement innocent mais que des apparences de culpabilité accablent, a été condamné ou est en passe de l'être à la place du vrai coupable, lequel est le client de l'avocat ? Et que faire si l'avocat, encore sous le sceau du secret, apprend qu'un crime se commet ou est en passe d'être commis ?

L'avocat a accepté de défendre un homme pour que justice soit rendue, et le voilà confronté à une situation où sa parole peut soit risquer de participer à un détournement du cours de la justice, soit, au prix d'une violation du secret de la confidence, éviter la commission d'une injustice ou d'un crime. Bien que partagés sur les solutions à apporter face à ces dilemmes moraux et juridiques, les avocats doivent trouver une solution équilibrée au service du juste.

Il existe trois grandes écoles de pensées. Pour chacune d'elles, l'avocat doit, dans tous les cas, tenter de dissuader son client de commettre un crime. Ensuite les avis divergent. La première tendance est d'avis de faire primer le secret professionnel sur tout autre impératif et de ne rien révéler. Quitte à renoncer à la défense du client en faisant jouer sa clause de conscience. La deuxième penche pour la révélation aux autorités par le recours aux exceptions légales au secret professionnel quand celles-ci existent. Ainsi, l'article 226-14 du Code pénal précise que l'interdiction pénale de révélation des secrets professionnels ne s'applique pas dans les cas où la loi impose ou autorise la révélation du secret, comme dans le cas d'atteintes ou mutilations sexuelles infligées à un mineur ou à une personne vulnérable. La troisième incline pour la révélation de l'information d'un danger pour autrui par l'avocat à son bâtonnier afin que celui-ci, sans que l'avocat ou le client n'en sachent jamais rien, prévienne qui de droit pour prévenir ce danger, et sans que le nom du client ne soit dénoncé. Les avocats doivent être préparés à cette confrontation avec l'« option de conscience[11] ».

N'oublions jamais que l'avocat, comme le droit, est au service de la justice. L'indépendance de l'avocat s'exerce aussi vis-à-vis de son client dont il n'est pas un mandataire servile. Comme le rappelle François Saint-Pierre : « Il existe une limite au-delà de laquelle un avocat perd son âme[12]. »

Ce qui importe, avec le secret, c'est de permettre aux avocats de défendre, les défendre tous, avec justesse, conviction, conscience et intégrité, pour la justice.

Propos libre sur le secret

par Christophe Bass

Une question a occupé un instant les auteurs de cet ouvrage collectif : le secret, outil ou identité de l'avocat ? Identité assurément, parce que l'attachement au secret habite les avocats profondément, charnellement, fondamentalement. Quand une entaille est portée au secret, c'est d'abord l'État de droit qui saigne ; pas seulement parce que l'estafilade abîme alors un instrument nécessaire à l'exercice de la défense, mais parce que c'est l'essence même de la fonction de l'avocat qui est touchée.

Le texte de Matthieu Boissavy nous remémore la formulation solennelle avec laquelle la Cour de cassation en 1886 rappelait que le secret était un temple inviolable : « Le principe de la libre défense [...] commande d'affranchir de toute entrave les communications des accusés avec leurs conseils. » Les mots étaient forts, le secret était sacré, la protection semblait absolue. Il est désolant de constater avec quelle détermination les pouvoirs publics ont attaqué ces remparts dressés par les juges d'alors. Que d'aucuns puissent se délier du secret dans certaines conditions, on peut évidemment en débattre et l'entendre, mais tel n'est pas le cas quand la loi, dans un glissement presque silencieux comme le serpent qui suit sa proie, ne permet plus mais oblige à se délier du secret.

Une obligation contre nature a mis un pied dans nos murs : l'obligation de signaler, c'est-à-dire, regardons les mots en face, de dénoncer. Et si le titre de cette loi (« Lutte contre le blanchiment des capitaux et le financement du terrorisme ») lui confère un objectif qui donne bonne conscience, on peut aussi penser qu'il n'y a jamais de raison assez grande pour toucher à un pilier de la vie en démocratie.

Il est très inquiétant de constater avec quelle gourmandise, parallèlement, dans les domaines encore préservés de cette obligation, l'on s'empare par surprise des échanges entre la personne défendue et son avocat. Cet intérêt pour le contenu de la confidence fait craindre les moyens qu'on mettra en œuvre pour s'en emparer. On trouve encore par-ci par-là dans certains dossiers des enquêteurs pour venir en salle d'audience ou dans les couloirs d'une chambre de l'instruction écouter les conversations des avocats et en dresser procès-verbal, et il n'est pas rare de déférer à la chambre de l'instruction des retranscriptions d'écoutes téléphoniques entre l'avocat et la

personne qu'il assiste. Avant d'annuler de telles retranscriptions, les parties et les juges s'appliquent alors à en décortiquer chaque mot pour s'assurer que les conversations ne recéleraient pas un critère qui donnerait à leur appréhension une légitimité *a posteriori*. A-t-on oublié qu'en acceptant cela on permet de s'emparer d'un échange et d'en discuter le contenu pour déterminer si finalement il est couvert par le secret ? Drôle de secret celui qui doit d'abord être partagé pour s'assurer qu'il est secret !
On devrait ne rien pouvoir aller chercher dans la conversation d'un avocat avec son client. Nous avons hurlé contre le premier arrêt Paul Bismuth, puis nos voix ont été couvertes, comme s'il fallait s'en accommoder. Dans un sursaut de raison, la loi Confiance a ensuite introduit dans l'article préliminaire de notre code de procédure pénale un dernier alinéa érigeant, avec la force d'un principe, la garantie du respect du secret professionnel de la défense et du conseil au cours de la procédure pénale. Le deuxième arrêt Paul Bismuth a cependant laissé grande ouverte la brèche. Prenons garde qu'un jour l'avocat ne puisse plus garder pour lui que la confidence qui n'intéresse personne, ni le juge, ni le pouvoir public, ni le Trésor public. Ce jour-là, la liberté se retournera derrière elle pour essayer de comprendre comment on a pu la réduire à un mot désuet et vide de sens. Parce que le secret est un élément de notre identité, il est de notre devoir de veiller à ce que l'article préliminaire rayonne au-delà de ses mots et que, de nouveau comme il y a cent trente-huit ans, le principe de la libre défense domine la procédure criminelle et commande d'affranchir de toute entrave les communications des accusés avec leurs conseils.

CHAPITRE 5

Le lien étroit à l'autre

par Sondra Tabarki

Pour une grande partie des citoyens, l'avocat est un comédien dans le grand théâtre de la justice, le « bon acteur » au sens que lui donne Diderot, c'est-à-dire non pas celui qui ressent les émotions de son personnage mais celui qui joue de sang-froid, feignant seulement de les éprouver afin d'émouvoir le public. Ainsi, exercer convenablement reviendrait à user du talent de se mettre à distance de l'humanité de l'autre. Seulement feindre à destination de celui qui écoute, sans aller chercher au fond de celui qui subit le procès. Dans cette conception de l'avocat, nulle empathie ne nous habite, nul besoin de se nourrir de celui que l'on défend. Il s'agit pourtant d'une idée contestable et réductrice du professionnel qui a prêté le serment d'exercer ses fonctions notamment avec humanité.

L'avocat ne peut pas être à distance de l'humanité de l'autre. Au contraire, il baigne au cœur de cette humanité, qui va dicter ses choix, ses mots, ses colères, ses attentions, ses combats. On entre ici dans la dimension empathique de l'avocat, qui joue un rôle essentiel dans nos exercices professionnels, y compris en termes d'efficacité du travail réalisé. En effet, l'empathie se définit comme la faculté intuitive de se mettre à la place d'autrui, de percevoir ce qu'il ressent. Elle ne veut pas dire ressentir ce que l'autre ressent, mais plutôt reconnaître les sentiments de l'autre, sans le juger ni le dévaloriser, comprendre ce qu'il vit au sein de son propre cadre de références, c'est-à-dire comprendre sa réalité.

C'est finalement la capacité de ressentir une émotion appropriée en réponse à celle exprimée par autrui, d'effectuer une distinction entre soi et autrui tout en régulant ses propres réponses émotionnelles. Pour l'avocat, c'est un lien étroit à l'autre, à commencer par celui que l'on défend. Si ce propos devait se résumer à exprimer le lien étroit de l'avocat à une victime qu'il défend, quelques lignes suffiraient tant le transfert qui est au cœur de l'empathie apparaît ici naturel.

L'empathie spontanée

Il est tellement naturel d'avoir de l'empathie pour une victime. Tellement simple pour chacun de nous de ressentir et de traiter avec sa propre réponse émotionnelle la frayeur de cette infirmière qui, pendant le strict confinement, arrive sur le parking du domicile d'un patient au petit matin et se retrouve face à une arme de poing tenue par un homme déterminé à lui dérober son outil de travail, son véhicule. Tellement évident de percevoir la grande détresse de ces parents et de ce frère qui apprennent la disparition puis la mort par arme à feu de celui qui, joyeux et plein d'avenir, venait à peine d'accueillir ses deux enfants jumeaux. Tellement aisé d'imaginer le cataclysme généré par un inceste commis sur de jeunes enfants en pleine construction précisément par celui ou celle qui aurait dû les protéger. Tellement légitime de percevoir les ténèbres dans lesquelles peuvent s'enfermer ces parents dont l'enfant a été violé, tué et dont le corps a été mutilé. Comment ne pas ressentir la douleur extrême de cette jeune femme enceinte de près de neuf mois dont le compagnon a été assassiné sous ses fenêtres et qui a découvert son corps ensanglanté dont le visage était littéralement déchiqueté par les balles.

L'empathie naît ainsi de l'atrocité des faits subis et se poursuit, pour l'avocat qui accompagne, dans la douleur générée par le traitement de la victime par l'institution judiciaire, lorsque l'accès au dossier ou au juge est compliqué, voire interdit par le Code de procédure pénale, lorsque les délais de traitement des dossiers peuvent être d'une lenteur insupportable, lorsque, non satisfaite d'une décision, l'appel d'une relaxe lui est interdit ou encore lorsque lui est imposée l'impudeur d'une audience publique.

L'avocat redouble alors de pédagogie et de patience, l'empathie le conduisant naturellement à comprendre la réalité de la victime afin de la retranscrire le plus précisément possible au juge. Il doit aussi être en capacité de conserver une distance critique vis-à-vis d'elle afin de préserver sa lucidité et sa crédibilité auprès des juridictions. En effet, l'empathie sincère et spontanée ne doit pas nous conduire aux excès que nous combattons par ailleurs lorsque nous défendons. La justesse est importante et parfois même redoutable tant elle peut écraser toute protestation.

Je qualifie cette empathie-là de spontanée parce qu'il me semble qu'elle parle à tout le monde. D'ailleurs, n'attend-on pas aussi de celui qu'on soupçonne d'être l'auteur la même empathie à l'égard de la victime ? S'il ne l'est pas assez, alors même qu'il contesterait sa culpabilité, il est d'une froideur qui ne fera que confirmer sa dangerosité ; s'il évoque la souffrance de la victime, on lui rappelle alors que, l'ayant causée, il devrait éviter ce qui apparaît comme une manœuvre. L'accusé ou le prévenu, nous le constatons, a toujours tort dans un prétoire. Il n'est jamais à la bonne distance. Nous exigeons beaucoup du mis en cause et nous sommes toujours insatisfaits de ce qu'il est en capacité de donner. C'est qu'en réalité, en miroir de l'empathie à la victime, l'auteur ou celui qui est soupçonné de l'être, institutionnellement positionné donc à la place occupée par l'auteur, ne fait naître que rarement une quelconque empathie.

L'empathie conflictuelle

À l'empathie naturelle s'oppose une empathie que l'on comprend moins, ou pas du tout, et que je nomme ici empathie conflictuelle. On peut lire dans les carnets d'Albert Cohen une illustration saisissante de l'empathie conflictuelle :

> Quelle est cette étrange tendresse de pitié lorsque j'imagine Pierre Laval dans sa prison ? Je l'imagine, je le connais et je deviens étrangement lui, pauvre méchant avide d'éphémère puissance. Oui, il a été chef de la milice et serviteur des nazis, oui, il a fait du mal à mes frères juifs, et il a fait peur à ma mère, et il a envoyé à la mort des enfants coupables d'être nés de mon peuple. Oui, au temps où il était puissant et malfaisant, il méritait la mort, une mort rapide et sans souffrance. Mais maintenant il est abandonné de tous et honni, il est dans sa prison, et il va être jugé. Je l'imagine, et je le vois, et je suis lui soudain. Je le vois dans sa cellule de prison, et il a mal, il a mal dans l'asthme de sa poitrine, et, en quelque singulière sorte, de ma poitrine. Il souffre et je le vois vaincu. Je vois son visage défait, son visage malade et avili d'homme perdu, et qui le sait. Je le connais, et je suis lui par l'étrangeté d'identification. Je suis lui, et il n'est plus un ancien ministre, mais un malheureux et moi-même, et soudain j'ai mal que le prisonnier Laval ait mal, étendu à plat ventre sur le ciment de sa cellule, dépourvue de sièges, étendu à feuilleter le dossier de son procès. Il est vaincu, l'ancien victorieux, allongé sur la dure froideur du sol, pauvre canaille en malheur, triste canaille allongée à fiévreusement feuilleter son dossier et il a mal dans sa poitrine, étendu à plat ventre, étendu à écrire des notes pour sa défense, dans l'espoir désespéré qu'on ne le tuera pas. Et soudain de peur, urinant des gouttes, il sait qu'on le tuera, lui l'ancien petit enfant Pierre, l'ancien victorieux ministre à blanche cravate [1]...

Je me suis très vite rendu compte de la difficulté de traiter de ce lien étroit au mis en cause dans un contexte de rejet, de négation, de haine parfois de l'autre. Dès lors qu'il s'agit des auteurs, crispation, incompréhension et désintérêt se manifestent souvent. Je me souviens d'une conversation au sujet de ma vocation qui m'avait marquée tant la confusion était grande :

– Pourquoi vouliez-vous devenir avocat ?

– Peut-être pour accompagner les hommes face à une machine judiciaire qui peut littéralement les broyer.

– Ah oui, les victimes, c'est noble.

– Pas seulement.

– Ah bon, qui d'autre ? Je ne comprends pas.

– Les auteurs d'infractions et ceux qui en sont suspectés.

– Non, vraiment je ne comprends toujours pas.

Voilà le gouffre.

Ni sympathie, ni pitié, ni soutien inconditionnel, l'empathie n'aveugle pas. Elle est pourtant trop souvent perçue comme une insulte, un outrage. « Défenseur des assassins » ? Comment faire comprendre qu'un procès équitable est le garant de nos libertés ? Comment faire admettre qu'un homme n'acceptera sa peine et ne sera en capacité de se réinsérer que s'il la comprend ? Qu'il est de l'intérêt de la société de s'interroger sur le devenir des condamnés ? L'empathie de l'avocat à l'égard de l'auteur ou de celui soupçonné de l'être se manifeste d'abord par ce vif intérêt que nous portons à ce qu'a été la vie des justiciables avant le crime.

La vie des êtres

L'auteur d'une infraction a eu une vie avant de passer à l'acte, et l'avocat, empathique, s'y intéresse profondément pour essayer de comprendre son état d'esprit, ses ressorts. Ce travail se fait tout en conservant l'indépendance et une juste distance, pour être en capacité de défendre, de conseiller, d'accompagner. Le plus troublant est que l'empathie ne nécessite pas la sympathie. Il est certes des personnes avec lesquelles il est plus agréable d'échanger que d'autres, mais l'avocat est passionné par la « vérité des êtres » (Hervé Temime) et pas seulement celle de ceux qui lui ressemblent. L'empathie repose sur les valeurs de dignité humaine, de droits de l'homme et de respect des autres. C'est dans cet état d'esprit que nous rencontrons nos mandants, que nous les écoutons, que nous les orientons.

La confiance, indispensable à ce travail du duo avocat-client, n'est pas instantanée. Il n'est pas si simple de se confier, de laisser l'autre entrer dans la profonde intimité de ses failles, de ses souffrances et en réalité de son humanité. Pour ceux qui sont incarcérés, l'entretien se déroule dans un petit box du parloir avocat de l'établissement pénitentiaire plus ou moins confidentiel, peu propice aux révélations. Nous apprenons ainsi à connaître nos mandants. Nous les avons vus tantôt combatifs et pleins d'espoir, tantôt anéantis et accablés, tantôt en colère, tantôt traversés par une joie éphémère mais ressourçante. Pleins d'humanité. Il arrive que, malgré les années écoulées et la confiance évidente accordée, une certaine distance soit maintenue par celui ou celle que nous assistons. Et pourtant cette pudeur peut dévoiler tellement plus que les mots. Un regard, un silence, une posture, une habitude aussi, nous permettent de cerner l'autre dans toutes ses dimensions. Cette empathie pour lui nous permet de maintenir sa confiance et ainsi parfois de le faire évoluer, de le réorienter et finalement nous permet, comme pour les victimes, d'être au plus juste dans la retranscription au juge de ce qu'il est.

S'il peut être naturel de se tenir à distance de la monstruosité de l'acte et donc de l'homme qui est accusé de l'avoir commis, l'avocat doit en revanche lutter parfois contre ses propres réflexes ou instincts de rejet afin que la vie de l'accusé soit considérée dans sa réalité au moment de décider de la sévérité du traitement et de la dureté de la sanction. Il est dès lors inconcevable qu'un dossier arrive à la barre d'une juridiction sans être richement renseigné de ces moments de vie qui placent l'événement criminel dans un parcours.

La cote B du dossier pénal

Les dossiers pénaux sont divisés en plusieurs parties : les pièces de forme, le fond, les mesures coercitives et la personnalité du mis en cause. C'est la cote B du dossier. Quelle déception pour l'avocat et parfois pour le tribunal, quand il ouvre cette cote pour n'y trouver que le casier judiciaire du prévenu. Certains juges s'en accommodent et se limitent à la lecture de ce casier.

Il m'est arrivé cependant, même devant des juridictions réputées pourtant extrêmement répressives, d'être interpellée par la qualité des questions posées par le juge, traduisant une véritable volonté de comprendre, de connaître et d'entrevoir un avenir possible. Si en matière criminelle la loi oblige à un peu plus d'investigations, il faut bien reconnaître la pauvreté grandissante de la recherche de la personnalité dans le procès pénal et notamment devant la cour d'assises, devant laquelle on juge pourtant les faits les plus graves. Peut-être trouve-t-on à l'origine de cette pauvreté grandissante du débat sur la personnalité un nécessaire arbitrage sur le temps à consacrer à juger un homme ?

C'est certainement ce qui explique que les magistrats instructeurs ne procèdent plus personnellement à ce qu'on appelait l'interrogatoire de curriculum vitae, déléguant à d'autres ces investigations sur la personnalité. Il me semblait pourtant autrement plus enrichissant pour un juge d'instruction d'entendre le mis en examen parler de sa vie, avec ses propres mots, ses silences, sa voix qui se brise, que de la lire, écrite par un tiers. Une connaissance complète du dossier permet des questions plus pertinentes et plus précises, et ainsi de cerner les contours d'une personnalité. Le rapport plus ou moins dense rédigé par l'enquêteur de personnalité sera simplement lu par le président de la cour d'assises, comme de plus en plus régulièrement les expertises psychologiques et psychiatriques lorsque les experts ne peuvent ou ne veulent pas se déplacer.

Mais peut-être les causes de cet appauvrissement des investigations de personnalité sont-elles plus profondes et témoignent-elles d'un désintérêt pour ces questions ? J'ai vu des présidents tenter par tous les moyens d'étouffer ce débat, comme s'il ne fallait pas laisser les jurés avoir de l'empathie ou de la compassion pour l'accusé. Me revient à l'esprit la déposition du père d'un accusé, entendu comme témoin de personnalité. Ce père d'une grande dignité était particulièrement touchant et émouvant tant il pouvait ressembler au nôtre et tant il réhumanisait l'accusé en parlant simplement de sa vie. Le président, sur un ton des plus hostiles, sentant les jurés acquis à la cause du témoin, l'interrompit excédé : « Mais enfin, monsieur, savez-vous ce qu'on reproche à votre fils ? » Comme si les vols à main armée commis effaçaient les qualités objectives de ce fils, définitivement réduit à ces actes. Quelles que soient les causes, la personnalité est devenue grossière, une peau de chagrin, un écran de fumée.

Les peines, parfois, deviennent presque automatiques. Un « tarif », quelles que soient les circonstances de commission de l'infraction et la personnalité de l'auteur, alors que la loi impose leur prise en compte dans le quantum de la peine. Répondre à la violence par la violence. La société toujours plus répressive devrait s'en réjouir ? L'empathie de l'avocat va le placer en opposition avec cet effacement du parcours de vie de son mandant dans le débat pénal et le pousser à convoquer l'humanité et l'humilité dans le prétoire.

Le traitement judiciaire

Si le vécu du justiciable a commencé bien avant l'infraction, il se poursuit après et se frotte au système judiciaire. Cette portion de vie est elle aussi l'objet de toutes les attentions de l'avocat. L'institution judiciaire peut se révéler d'une violence inouïe : indifférente parfois à la souffrance, incapable parfois de se remettre en question, gérant des

« flux » et oubliant les individus, submergée par les dossiers et les contraintes économiques réelles. Prenons l'exemple d'un homme mis en examen puis renvoyé devant le tribunal correctionnel et maintenu sous contrôle judiciaire dans l'attente de son jugement. L'une de ses obligations est l'interdiction de paraître à Marseille, il vit depuis à Lyon. Son enfant de 3 ans, qui est resté vivre avec sa mère dans la cité phocéenne, est hospitalisé dans la nuit, dans un état grave.

Il ne peut pas se rendre immédiatement à son chevet, sauf à risquer d'être incarcéré. Il doit attendre de joindre son conseil le lendemain, attendre que celui-ci dépose une demande de mainlevée temporaire de l'interdiction, attendre que le tribunal correctionnel se réunisse et statue sous dix jours au maximum. Son enfant décède deux jours plus tard. Prévenu pour des faits d'infractions à la législation sur les stupéfiants, présumé innocent, méritait-il d'être privé des dernières heures de son petit garçon ?

Je garderai toujours en mémoire cette journée devant la cour d'assises où je défendais un jeune homme à qui était reproché le meurtre d'un autre jeune homme. Une femme dans la salle d'audience se lève d'un coup et hurle : « Ce n'est même pas un homme, c'est un monstre. » Ni l'avocat général ni la présidente n'interviennent. Or il était en soi surréaliste, d'une part, qu'une personne dans le public se permette d'interrompre les débats sans être rappelée à l'ordre, d'autre part, que des propos d'une extrême violence soient tenus dans cette enceinte. Ne pas réagir, c'était laisser croire aux jurés que cette expression de la haine populaire n'était pas anormale, mais, pire encore, que l'on pouvait se permettre d'ôter toute humanité à un homme. J'étais pour ma part scandalisée, tant il me paraissait inconcevable de tolérer la déshumanisation de l'être et, quel que soit le crime commis, de réduire un homme à son acte, excédée que la présidente, qui détient la police de l'audience, laisse faire jusqu'à ce que je provoque un « incident ».

L'indignation est alors un vecteur d'expression de l'empathie. Notre rôle est, me semble-t-il, d'être capable de comprendre précisément ce que l'autre traverse pour mieux l'exprimer. Faire accepter que se retrouver confronté à la machine judiciaire, impliqué dans des faits plus ou moins graves, peut être vertigineux. Faire admettre qu'il est très difficile de se défendre. La justice feint de s'intéresser aux motivations d'un passage à l'acte. Ces dernières aussitôt expliquées, voilà que la justice les rejette avec énergie. « Vous trouvez que c'est une excuse ? » Expliquer que l'attitude de l'accusé ou du prévenu à l'audience ne saurait en rien préjuger de sa culpabilité tant il est difficile d'avoir le comportement attendu ou adapté. Faire admettre aussi que certains sont définitivement dans l'incapacité de reconnaître les faits, sans effondrement psychique et/ou sociétal. Relativiser raisonnablement la gravité des faits afin d'obtenir une peine juste et proportionnée. Dans un souci d'efficacité, cette empathie doit également s'exercer à l'égard du juge. Se mettre à sa place, comprendre sa mission, sa réalité et ses inquiétudes permet d'affiner nos observations et d'être plus juste et ainsi beaucoup plus convaincant.

Outre le traitement des justiciables, leurs conditions de détention font naître chez l'avocat une profonde empathie qui nous permet alors de tenter de traduire les répercussions du choc carcéral. Le combat de Victor Hugo pour la réforme du régime pénitentiaire français résonne encore aujourd'hui. Il le condamnait déjà en 1847 :

> Représentez-vous un moment que ce sont ces prisons dont je parle. Là, chaque spécialité a ses professeurs qui font des cours de crime supérieur, qui expliquent les maîtres et les modèles, qui enseignent aux petits coupables le respect et l'admiration des grands criminels. Là, chaque misérable trouve un guide pour le mener plus avant... Ce sont ces maisons-là qui font la criminalité que vous avez...

Je pense à cet instant à ce vieil homme aux yeux profondément bleus, extrêmement poli et respectueux, qui a été incarcéré pour la première fois à l'âge de 17 ans pour un délit quelconque et qui aura finalement exécuté plus de quarante-cinq années de détention pour une succession de condamnations pour des faits reprochés toujours plus graves.

Robert Badinter n'a lui non plus jamais pu réaliser cette réforme et il y a vu une loi d'airain : le corps social ne supporte pas que les détenus vivent mieux que la catégorie sociale la plus défavorisée de la société. En d'autres termes, la prison ne saurait offrir aux détenus une condition meilleure que celle des hommes libres sauf à renoncer à sa fonction de dissuasion. Certains s'émeuvent ainsi de la possibilité pour les détenus de regarder la télévision, de faire du sport ou encore de jouer à la PlayStation.

Enfermés, pour certains, vingt-trois heures sur vingt-quatre, ils voudraient peut-être que les détenus se contentent de fixer le plafond de leur cellule de neuf mètres carrés ? Ceux-là n'envisagent la prison que sous le prisme du châtiment. Faut-il encore rappeler que la peine d'emprisonnement est la privation d'une liberté fondamentale qui est celle d'aller et venir ? « Elle devrait être la privation de liberté et rien d'autre. Pas d'insalubrité ou de surpopulation. Pas les rats, les cafards et les matelas par terre », disait Henri Leclerc. Devoir encore convaincre de cela est tellement exaspérant.

En janvier 2000, deux commissions d'enquête parlementaires ont rendu des rapports accablants : « Une honte, une humiliation pour la République », concluaient-ils. Depuis, la France est régulièrement condamnée par la Cour européenne des droits de l'homme, mais elle reste relativement sourde à la politique pénitentiaire européenne. La surpopulation carcérale atteint en 2024 un niveau record, le chiffre de détenus le plus élevé jamais enregistré selon les statistiques de l'administration pénitentiaire. La prison est toujours conçue comme un trou dans lequel on se débarrasse du délinquant et non comme un lieu d'amendement ou de guérison. On ne veut pas savoir ce qui adviendra après la phase du procès, après la condamnation. Pour le condamné, la violence, encore. La gale, l'extrême pauvreté et la promiscuité.

Le docteur Véronique Vasseur, médecin-chef à la prison de la Santé durant huit ans, a décrit une prison « moyenâgeuse ; d'une crasse indicible où règnent les rats, les cafards et les punaises ; de maladies qui n'existent qu'en temps de guerre ; de détenus entassés ; de suicides à la chaîne, sida, toxicomanie, prostitution, viols et violence quotidienne. [...] Un grand couvent, sale et sans spiritualité». Une «plaie béante au cœur de la République».

Et après? Ne pas se soucier de l'avenir des détenus est un non-sens. Ne pas s'inquiéter de l'utilisation du temps en détention est contraire à l'intérêt de la société. Le condamné devrait après une ou des décennies se réinsérer miraculeusement? «C'est son problème», répondront certains. «Chacun a son libre arbitre», répondront d'autres. C'est désespérément simpliste.

Nicolas Frize, responsable de la commission prison de la Ligue des droits de l'homme, posait, dans le cadre de ladite commission d'enquête, la question du sens de la durée de la peine lorsqu'on sait qu'elle conduit à la «déstructuration de l'individu et à des séquelles irréversibles». Cessons de faire semblant de l'ignorer. Comme l'ont préconisé les criminologues du Conseil de l'Europe, il convient d'«accompagner la personne avec ses qualités, ses défauts, ses incapacités et ses potentialités vers un possible futur et une deuxième chance». Nul angélisme pénal, nulle naïveté, nulle utopie ou irréalisme dans notre représentation du délinquant. L'avocat y croit. Fermement.

Pas seulement lui d'ailleurs. Il faut avoir été confronté au système judiciaire pour comprendre tout cela. Il est même des victimes que pour ma part je suis toujours émue d'accompagner, tant elles débordent d'humanité. Celles qui, malgré leur intense souffrance, ont conscience aussi, un peu, de la souffrance de l'autre, de la cruauté parfois de l'institution ou encore de la façon dont certaines réponses pénales portent atteinte à la dignité.

«Aucun homme ne vit sans but quelconque et sans effort pour atteindre ce but. Une fois que le but et l'espérance ont disparu, l'angoisse fait souvent de l'homme un monstre», lit-on chez Dostoïevski dans *Souvenirs de la maison des morts*. Défendre, c'est finalement peut-être accepter l'autre dans toute sa complexité, faire preuve d'humilité, s'indigner, résister, parfois et même souvent lui résister et lui «réserver la chance de devenir meilleur[2]».

Définitivement, «s'il n'en reste qu'un, je serai celui-là[3]»...

Propos libre sur le lien étroit à l'autre

par Capucine Lanta de Bérard

« Si le juge qui punit est le gardien de la liberté, et le procureur qui poursuit celui de l'égalité, l'avocat, lui, veille à la fraternité », écrit Henri Leclerc dans son ouvrage *La Parole et l'Action*. C'est ce mot de fraternité qui me vient à l'esprit en découvrant ce chapitre et la description de toutes les nuances de ce « lien étroit à l'autre » que l'avocat entretient avec celui ou celle qui lui confie sa défense. Fraternité y compris, comme le souligne Sondra Tabarki, avec celui qui est mis en cause, à travers cette « empathie contrariée », souvent condamnée et très souvent incomprise, même par nos proches.

Pourtant, aussi simplement que l'on admet que le médecin urgentiste traite la blessure d'un patient et le soigne, quel que soit son parcours, l'avocat pénaliste accompagne son client quels que soient les faits reprochés.

Mélange d'empathie, d'émotion, de patience, de dignité, d'humilité, de respect, d'intimité et de distance néanmoins, la fraternité permet avant tout de poser un autre regard sur l'homme ou la femme que nous découvrons, et que nous allons accompagner parfois pendant des années. Un regard lucide mais qui n'est pas aveuglé par les faits reprochés et doit rester guidé par une constante humanité.

C'est une rencontre particulière, celle de l'avocat et de son client, qui intervient dans un rapport de profonde vulnérabilité. Elle est loin d'être évidente, parfois les premiers contacts sont difficiles, parfois la méfiance est très présente, et le justiciable lui-même semble douter que nous puissions être « à ses côtés ». Pourtant le lien se fait, et ce lien est lui-même porteur d'une forme d'espoir. Car l'avocat se doit d'être un « passeur » vers le juge, et s'efforcer de transmettre la part d'humanité de chacun, pour rappeler constamment que, quelle que soit la gravité des faits reprochés, l'homme ou la femme poursuivis appartiennent effectivement à la communauté humaine, et qu'un avenir doit toujours pouvoir être envisagé.

Principe à valeur constitutionnelle, la fraternité est finalement avant tout une valeur vivante qui s'éprouve tout au long de notre exercice professionnel, parfois simplement par une présence, une parole, un geste, un regard. Robert Badinter témoigne dans *L'Exécution* de l'expression la plus absolue de cette fraternité, à travers les gestes et les paroles de Philippe

Lemaire pour leur client Roger Bontems, alors que tout est perdu et que c'est la mort qui est au bout du chemin de défense.
« Alors commença une chose extraordinaire. Philippe prit Bontems par le cou et lui parla. Ce n'était pas un discours, mais une incantation verbale où, sans cesse, revenait le mot courage. "Tu es bien, tu es formidable, tu as du courage." Je ne sais pas si Bontems comprenait tout ce que Philippe lui disait, à phrases décousues.
Mais elles entraient en lui, le protégeaient, écartant la réalité. Seule importait la voix amicale, les mots familiers, cette tendresse secrète qui faisait irruption, dans cette cellule, et berçait Bontems au moment de mourir. Ce que Philippe accomplit en cet instant dépassa tout ce qu'un avocat peut espérer jamais atteindre au service de la défense. Il interdit à l'horreur d'entrer, il ferma Bontems à la peur, à l'angoisse, le protégea contre tant d'ignominie, comme une mère son petit.
[...]
Je savais maintenant à quoi sert, même vaincu, un avocat[4]. »

CHAPITRE 6

Et la fragilité ?

---

par Christophe Bass

Le président vient de lui donner la parole.

Le silence se fait. Il est entretenu pendant quelques longues secondes par celui-là même qui seul à cet instant a le pouvoir de le rompre. L'avocat est debout. Face à lui, l'espace qui le sépare des juges a pris au fil des débats des allures de gouffre qu'il va falloir parvenir à franchir. Quelques-uns des juges ont conscience que sa tâche est démesurée et le lui signifient du regard. On attend sa parole avec autant d'avidité que de curiosité.

Sous ses yeux, des notes griffonnées supportent ses premiers mots, ceux qu'il avait imaginé devoir prononcer. Ce ne seront pas exactement ceux-là finalement qu'il lancera dans une poignée de secondes en ouverture de sa plaidoirie. Ce qui se joue à cet instant-là à l'intérieur de cette solide armure est de l'ordre de l'intime. Dans sa tête, un brouillard diffus embrasse les briques avec lesquelles il a méticuleusement édifié son propos cependant que dans son ventre une furieuse envie de défendre s'attache à dissiper cette confusion de l'esprit. Il expire lentement en regardant chacun de ses juges. Il donne à voir qu'il ne vacillera pas.

Comment imaginer que cet homme-là ou cette femme-là, qui à cet instant est maître du temps, des silences et des mots, bouclier et voix, puisse être fragile ? Nous le sommes, pourtant. Nos âmes, comme celle de Baudelaire, sont fêlées, et nos cœurs portent en eux une fissure originelle, plutôt bien camouflée mais en vérité irréparable.

L'avocat, un être en opposition

On parle peu de la fragilité de l'avocat, même entre nous. Elle fait partie des choses qu'on ne dit pas. Certainement parce que le vocable fragile est spontanément associé dans l'esprit commun à celui de faible, et parler de notre fragilité reviendrait à exposer notre faiblesse. Or l'avocat, au moins dans sa fonction institutionnelle, n'est pas faible. Le faible ne s'oppose pas aux autres, il ne résiste pas, il traverse la vie en étant globalement d'accord avec tout le monde. La fonction de l'avocat, elle, le place obligatoirement en position de s'opposer. C'est la qualité de l'œuvre de justice qui en dépend, car l'avocat est par essence partial. Il porte les intérêts d'une partie, les explications d'une partie, le point de vue d'une partie. À la question : « Maître, comment pouvez-vous défendre ? », je réponds avant toute chose : « Si je ne défendais pas, comment pourriez-vous juger ? »

Car l'œuvre de justice est une œuvre collective. Celui qui doit trancher, collégialement ou individuellement, ne peut pas le faire sans entendre les positions des parties, poussées jusqu'à l'excès, pour les confronter dans le secret de sa conscience. Ce n'est qu'à cette condition que la Justice est rendue. Le contrat social, par lequel nous avons abandonné la vengeance à la Justice, ne peut pas se satisfaire d'un instinct de justice qui ferait dépendre la décision des tripes du juge ou des bouffées répressives de l'opinion publique. À l'instinct de justice, le contrat social a substitué une exigence de réflexion de justice, laquelle ne peut surgir que des positions des parties qui s'affrontent, et c'est cet affrontement qui est une opposition. L'avocat, qu'il exerce le conseil ou le contentieux judiciaire, est un être en opposition. La singularité de l'avocat pénaliste est que non seulement il s'oppose au ministère public et à ses confrères sous les yeux et les oreilles du juge qui garde la direction et la police des débats, mais qu'en outre il est exposé à un autre affrontement, moins fréquent dans les autres matières judiciaires, l'affrontement avec celui-là même qui va juger. Il est des audiences où il faut se battre pour faire respecter le droit et la procédure, des audiences où le juge résiste à l'application de la loi et où l'avocat résiste au juge. Il en est d'entre nous dont la puissance physique vient au secours de cette nécessité de mobiliser notre capacité de résistance, d'autres, de silhouettes frêles ou fluettes, qui n'en sont pas moins de robustes remparts. Ainsi, dans sa fonction essentielle, l'avocat n'est par essence pas un faible, et, dans cet instant que je donnais en exemple en entamant ce chapitre, où il donne à voir qu'il ne vacillera pas, celui qui se lève ne se lève pas pour plier. Le fragile est d'un autre registre.

Une ligne de brisure dessinée sur nos cœurs

Le fragile n'est ni le contraire du robuste ni le synonyme du faible. Jean-Louis Chrétien, quand il déploie sa réflexion sur la fragilité[1], relève que le fragile n'a pas d'autre antonyme que sa négation non fragile. À peine cette proposition lue défilent dans les pensées du lecteur tous les contraires possibles du fragile : solide, invincible, robuste... pour pousser chacun de ces mots jusqu'à ses limites. Au terme de cet exercice, on aura finalement trouvé bien peu d'applications au non-fragile.

Le monde du vivant est par essence périssable, et tout ce qui périt est fragile. La fragilité se distingue donc des traits de caractère physiques et psychologiques faisant l'homme fort ou faible, robuste ou frêle, endurci ou candide, courageux ou lâche. Appliquée au vivant, la fragilité est le point par lequel il s'éteint ; appliquée à l'inerte, elle est le point par lequel il rompt. La cognée est solide mais elle montre sa fragilité au gré des rencontres que son tranchant peut faire. Et si à la cuisson ou au trempage le forgeron a commis une erreur, infime parfois, une ligne de faille s'est dessinée en son cœur et sous la violence des coups qu'on demande à l'outil d'assener à la bûche la ligne se creuse et un jour rompra. En cela, la cognée n'a rien à envier à la bulle de savon ou à la verrerie fine.

Consubstantielle à toute chose, la fragilité est finalement la capacité à se casser, et il me semble qu'on peut la ramener à cet endroit précis par lequel tout sujet, animé ou inanimé, est susceptible de se briser. Le chêne est fragile, le roseau est faible. Le premier à force de résister s'est effondré aux pieds du second qui plie sous tous les vents et traverse la vie sans s'opposer. La Fontaine ne nous dit rien de la fragilité du roseau, de ce qu'est sa ligne de faille à lui, mais avec ces deux figures il nous enseigne que le fort reste fragile. Il en est de même des hommes ; robustes ou frêles, nous sommes tous susceptibles de voler en éclats. La force que nous donnons à voir, si imposants soyons-nous, si prodigieusement armés soyons-nous, cache tant de fissures.

On est fragile même quand on exhibe toutes les ressources physiques et intellectuelles avec lesquelles on va s'efforcer de protéger son semblable ; on reste fragile alors même que l'on ne donne rien à voir de notre vulnérabilité, et, si les autres ne voient pas notre fragilité, on le sait bien, nous, que parfois, pour défendre, on approche dangereusement de cette ligne de faille qui précède l'événement de la brisure[2]. Cette ligne s'est dessinée dès notre premier souffle.

Au fil des événements de l'enfance, le sillon s'est tracé sur nos cœurs. Certaines brûlures de la vie se sont imprimées en nous et ont commencé à dessiner une ligne sinueuse. Les larmes ont coulé sur la ligne et l'ont creusée, formant une légère dépression comme le ferait l'eau de la pluie qui roule sur le sol. Le lit de notre fragilité individuelle s'est formé très tôt, la vie a fait le reste. Les événements se sont succédé apportant chacun son lot d'apprentissage et de douleur : abandons, disparitions, séparations. Chaque larme, dirigée par la déclivité ainsi formée, a emprunté le même chemin, et chacune a creusé un peu plus le lit. Puis, avec l'âge, le sillon est devenu plus précis, plus fin. On a muré les berges pour isoler la ligne de faille, la rendre moins accessible, en faire notre intimité profonde. On a muré nos cœurs derrière des forteresses de pierres, mais, si compactes et si sophistiquées soient ces forteresses, elles laissent apparaître des fissures à travers lesquelles on accède à cette étrange, sinueuse, profonde ligne de faille qu'on nomme la fragilité.

La fragilité des autres nous oblige

Et c'est avec cette fragilité de monsieur Tout-le-monde que l'avocat prête un jour le serment d'exercer avec dignité, conscience, indépendance, probité, humanité. Une fois la robe revêtue comme une armure sur nos épaules, il se passe quelque chose de magique : notre fragilité semble s'effacer quand elle rencontre celle des autres. Il me semble que cette magie peut trouver une explication dans ces mots de Paul Ricœur : « Quand le fragile n'est pas quelque chose mais quelqu'un, ce quelqu'un nous apparaît comme confié à nos soins, remis à notre charge [...] il oblige[3]. »

Il est vrai que le fragile nous oblige. Or celui qui nécessite d'être défendu parce qu'il est confronté au système judiciaire, très policé sur le papier du Code de procédure pénale mais tellement violent dans la réalité des prétoires, apparaît toujours fragile. Alors, l'avocat enfouit sa propre fragilité et prend le fardeau de la fragilité de l'autre. La première rencontre avec l'homme ou la femme dont la souffrance est indicible scelle cette prise en charge.

Confrontés à la souffrance que nous assumons, nous nous habituons au fil du temps à la violence des relations humaines. La violence des mots, la violence des images, la violence des gestes est notre quotidien. À côtoyer tour à tour les traits les plus sombres et la lumière la plus éclatante de l'être humain, nombre de douleurs et de détresses que nous portons sur nos épaules nous deviennent familières.

Parfois cependant, sans crier gare, sans préavis, nous rencontrons une douleur singulière faite d'une pelote où sont enchevêtrées mille aiguilles acérées et dont on sent qu'elle fait bouger nos lignes. Je me souviens de cette femme qui s'est assise face à moi. D'une voix étranglée qui allait mal avec la froideur vide que les événements avaient donnée à son regard, elle m'a expliqué qu'elle venait de perdre, sous ses yeux, dans l'incendie d'un cabanon de vacances, son mari et leurs deux enfants. Les enfants avaient l'âge où l'on apprend à faire du vélo. Elle serrait dans ses mains qui portaient à jamais les traces des flammes leurs cahiers de classe et la dernière carte de fête des mères qu'ils avaient confectionnée à l'école. Les larmes qui ne coulaient plus dans ses yeux ont déferlé à travers les murailles qui interdisent l'accès à ma fragilité et elles ont coulé précisément sur ma ligne de brisure en en creusant profondément le sillon.

Je me rappelle lui avoir déconseillé une constitution de partie civile dans ce dossier où j'avais pressenti poindre une relaxe, et j'avais eu raison. Nous nous sommes retrouvés devant un juge des référés pour entreprendre une action en réparation. Étrange et indélébile audience de référés où, devant cette femme, présente au seul procès que la justice pouvait lui offrir pour venir exprimer tant de malheur, ma voix déraillait et mes yeux me piquaient. Je ne crois pas me tromper si j'écris aujourd'hui, après toutes ces années, que j'ai vu ceux du juge et du greffier se brouiller de larmes.

Si je fouille dans le grenier de mes souvenirs, je crois être capable de retrouver, parmi toutes les douleurs, toutes les souffrances que j'ai accompagnées, celles qui sont venues frôler de si près ma ligne de brisure. Pourquoi celles-ci et pas d'autres face auxquelles les remparts dont j'ai entouré mon cœur ont rempli leur office ? Je ne saurais le dire.

Pourquoi ai-je frémi face à cette jeune fille quand elle a raconté qu'enfant elle dormait avec un couteau sous son oreiller pour protéger son frère si les assauts tellement violents de l'un de leurs parents étaient allés trop loin ? Pourquoi, aux temps fous où l'on jetait en prison les personnes au seul motif qu'elles vivaient irrégulièrement sur notre territoire, le regard de cet homme poursuivi pour avoir sauté de la passerelle d'embarquement de l'avion qui devait le reconduire dans un pays qui ne lui offrait aucune perspective d'avenir est venu serrer mon cœur ? Ce regard, je l'ai intercepté quand je me suis rassis après avoir plaidé. Il n'avait pas compris grand-chose de ma plaidoirie prononcée dans une langue qu'il ne connaissait pas, mais il avait perçu l'énergie que j'avais mise à le défendre. Il a posé sa main sur son cœur et m'a gratifié de ce regard ouvert comme une fenêtre sur son humanité. Pourquoi me revient-il en mémoire l'épouvantable culpabilité qui n'en finissait pas de ronger cet homme dont l'hélice de bateau avait mortellement heurté un nageur ? Et la façon dont ce jeune homme portait la douleur d'avoir vu sous ses yeux son frère périr sous la violence des coups ? Et les larmes de ce fils d'une commerçante que la folie meurtrière soudaine d'un client a arraché à la vie ? Et l'épuisement physique et moral terrible de ce confrère qui comparaissait en correctionnelle pour n'être pas parvenu à payer ses cotisations Urssaf ? Et la force de cette femme qui pourtant ne savourerait plus jamais le bonheur tout simple d'une vie de famille par la faute d'un conducteur sans scrupule qui avait fauché son époux à quelques dizaines de mètres du rire de ses enfants qui jouaient en attendant papa ?

Donner à voir notre fragilité

Pourquoi tous ceux-là et bien d'autres laissent sur le sillon de ma fragilité une trace à la fois brûlante et glacée ? Et pourquoi la détresse de nombre d'autres, pourtant poignante, n'a pas approché de si près mon intimité ? Je n'en sais rien. On ne peut jamais dire pourquoi certaines douleurs de ceux qui ont souffert une infraction ou de ceux qui l'ont commise ont cette puissance particulière qui vient toucher précisément notre ligne de brisure. Tout se passe comme si certaines larmes que nous partageons et accompagnons ne coulent plus sur les visages tordus de douleur de nos mandants et viennent s'écraser si près du sillon fragile imprimé sur nos cœurs qu'elles le creusent un peu plus comme l'eau qui ruisselle toujours au même endroit.

Il est des mots, des larmes, des détresses qui ouvrent la porte de nos fragilités. On ne peut pas savoir pourquoi certaines douleurs ouvrent cette porte mais au moins peut-on essayer de dire si cette ouverture a quelque vertu ou s'il faut absolument s'attacher à ne rien donner à voir de cette fragilité pour ne laisser paraître qu'une apparence d'invincibilité.

C'est une vraie question qui touche à notre mandat, car finalement c'est la rencontre avec la fragilité de celui que l'on croise dans les prétoires qui vient creuser le sillon. Or, on l'a vu, la fragilité de l'autre nous oblige. Comment alors prétendre remplir notre office, honorer notre mandat, si en écho à la fragilité de celui qu'il défend l'avocat ouvre une fenêtre sur sa propre fragilité ? Ne vaut-il pas mieux enfouir tout cela très profondément et faire semblant. Faire semblant de n'être pas touchés, faire semblant de n'être pas bouleversés, faire semblant de n'être pas meurtris par la situation que révèle le crime, que l'on soit en charge des intérêts du criminel ou de sa victime ?

Je crois en vérité que nous n'avons pas trop le choix. Car faire semblant ne fait pas bon ménage avec être avocat. Faire semblant, même pour des raisons aussi nobles que le souci d'apparaître plus fort que la douleur indicible dont on a la charge, à supposer que nous y parvenions d'ailleurs, emportera dans un courant de lave notre sincérité, cette garante de notre ethos.

Malgré tout ce que la vie professionnelle a endurci en nous, malgré tous les remparts méticuleusement édifiés sur les berges de notre ligne de brisure, s'il advient que la violence d'une situation passe la muraille et vient meurtrir notre cœur, nous n'avons pas d'autre choix que de laisser s'ouvrir au regard des autres cette fenêtre sur notre vulnérabilité.

Laisser paraître notre fragilité quand elle émerge du plus profond de notre être est un garant de notre authenticité. Cette authenticité dans notre exercice professionnel se retrouve dans le doute qui nous habite. Si l'avocat donne à voir sa fragilité et ne feint pas une invincibilité, alors il peut assumer d'être constamment dans le doute, reflet de son incertitude sur le moment où il va lui-même se briser.

Le doute est partout le reflet de notre fragilité. Nous doutons de la pertinence d'un moyen de preuve, nous doutons de la force d'un argument, nous doutons de la stratégie à adopter pour défendre un homme. Nous doutons, cela signifie que nous ne sommes pas sûrs, que nous nous posons des questions, que nous n'avons jamais une réponse toute prête à une situation donnée. Et, s'il m'arrive parfois d'exprimer un peu des doutes qui ont ponctué le parcours de la défense que je mets en œuvre, personne n'a vraiment idée de l'ampleur de ceux qui m'ont assailli avant d'écrire mes conclusions, de formuler mes demandes, d'arriver à l'audience, de me lever et de m'opposer.

Nous nous remettons en question à chaque temps de la construction d'une défense, parce que nous sommes des êtres fragiles. Notre authenticité se retrouve aussi dans cette capacité, en exposant aux oreilles des autres un propos empreint de notre propre blessure, en donnant à voir notre propre fragilité, d'exprimer avec une sensibilité particulière la douleur de celui que l'on juge. Quand la brèche est ouverte par la douleur que l'on a la charge d'accompagner, c'est avec la clé de lecture de notre propre fragilité que l'on va inviter cette douleur dans le débat judiciaire avec précision, acuité et sensibilité.

Il est des rencontres avec un criminel où sa poignée de main, son regard, ses premiers mots me bouleversent à ce point que je serai un jour à l'audience avec dans ma poche, à contre-courant d'une opinion publique chauffée à blanc par une presse gourmande de sensations, tout l'attachement que peut faire naître cet homme ou cette femme et avec une bouillonnante détermination à montrer la lumière perçue en lui.

D'aucuns diront alors que tout cela est une habile façon de jouer sur la sensibilité pour faire pleurer le juge, une façon de servir de refuge à l'avocat qui ne sait pas quoi dire. Je réponds d'abord que nous ne jouons pas. Ensuite, si je conviens avec vous que la douleur qui a induit le parcours de l'homme vers le crime n'explique pas tout et ne pardonne rien, je n'ai en revanche aucune prétention d'user d'un quelconque artifice pour émouvoir le juge et lui faire oublier le crime. L'empathie du plaideur n'est pas un jeu de rôle, elle n'a de sens que lorsqu'elle vient de cette frontière infime qui nous sépare de l'effondrement.

Nous ne jouons pas. Nous sommes simplement habités du souhait de dire au juge avec humilité, en ouvrant une fenêtre sur notre propre fragilité, à quel point cet homme ou cette femme nous bouleverse parce qu'en ce qui nous concerne cette facette de l'individu est majeure dans l'événement criminel. On en revient à la partialité et au devoir de tout dire, jusqu'à l'excès, de cet angle de vue dont on n'imagine pas qu'il ne soit pas pris en compte par celui qui a le devoir de juger. Comme un tableau sur lequel le peintre, saisi par une lumière éblouissante, n'a traduit de façon démesurée et excessive que le soleil, mettant en arrière-plan tout ce qui fait la beauté du paysage qui l'a pourtant poussé à s'arrêter à cet endroit précis.

Il n'est d'ailleurs pas rare que la fragilité perçue chez l'autre et qui vient télescoper notre propre fragilité ne soit pas celle de notre client mais celle de l'autre partie, la partie dont nous n'avons pas la charge, invitée elle aussi dans ce creuset de toutes les souffrances. On touche évidemment là à l'indépendance, cette force qui donne par alchimie toute sa noblesse à la partialité de l'avocat.

Je n'oublierai jamais ce cri venu du banc d'en face qui a déchiré le silence de la salle d'audience. Il avait la couleur à la fois de la haine et du soulagement. L'interprète n'avait pas eu le temps de commencer à traduire les signes avec lesquels était en train de s'exprimer l'homme que je défendais, mais, pour sa fille, partie civile, qui connaissait évidemment le langage dont elle usait au foyer familial, précéder la traduction était naturel. Elle venait d'entendre, au moyen de ses yeux rivés sur les mains de son père, et avant tout le monde, les aveux des atrocités qu'elle avait subies de sa part pendant son enfance, des aveux qu'elle n'avait jamais obtenus pendant des années d'instruction et qu'elle n'espérait plus – et pour tout dire moi non plus. Ce cri avait rendu inutile l'office de l'interprète, nous avions tous compris, à l'instant même où il nous a saisis, que ce père enchevêtré dans des mensonges depuis des années n'avait pas pu les soutenir face à sa fille à la barre, et que père et fille, en un instant, revenaient dans la communauté des hommes où un long chemin, différent pour les deux, allait pouvoir commencer.

Je me souviens aussi de cet accusé qui répondait du meurtre de l'enfant de ceux que je défendais et dont les mots presque anodins sur ses projets d'avenir sont venus heurter de très près mon sillon de brisure. Les derniers mots de ma plaidoirie, pourtant très vindicative contre ce crime, étaient empreints de cette espérance, petite sœur des trois vertus[4]. Et à cet instant là aussi ma voix a déraillé pour laisser voir mon cœur.

Et quand le corps lâche...

Ce que je veux dire en écrivant tout cela est tout simple : si je cache ce qui a ruisselé sur le sillon de ma fragilité, je vais traduire la fragilité de l'autre comme un événement artificiel, mineur, pâle, dénué de l'importance qu'elle revêt dans le processus criminel. Je ne suis alors pas avocat ; je suis simplement un homme et je me mets à l'abri de m'exposer personnellement. Or l'avocat s'expose, sinon il n'est pas avocat. Tout cela pose en définitive une autre question essentielle : que reste-t-il de nos personnes à la fin ?

Le métier d'avocat veut son homme tout entier, et il le dévore. On ne sort jamais indemne après avoir exposé notre propre fragilité pour donner écho à celle dont nous avons la charge mais il me semble, quels que soient les risques à approcher de si près la brisure, que nous ne sommes pas avocats si nous ne les prenons pas. C'est avec cet écho à la fragilité dont on a la charge que l'on va remplir notre office.

Et, un jour, le corps lâche. Ce corps qui nous a porté si longtemps, si fidèlement ; ce corps qui a donné à voir qu'il ne vacillera pas est au bout de ce qu'il peut endurer. La ligne de brisure est creusée jusqu'à la rupture. En cela, ces quelques lignes, qui ne disent rien d'autre que les humbles réflexions d'un avocat exerçant depuis une trentaine d'années, sont aussi un hommage à ceux d'entre nous qui ont péri parce qu'ils ont exposé leur fragilité, avec excès, passion et générosité, jusqu'à creuser sans compter cette ligne de brisure dessinée sur leur cœur.

Cette fragilité qui nous donne la sensibilité et la capacité à aller puiser dans des ressources insoupçonnées dès lors que nous sommes en charge de la détresse de l'autre explique aussi notre solitude inconsolable au soir des audiences qui se terminent mal, et notre meurtrissure profonde quand nous sommes assimilés, dans un propos méprisant, à un complice du criminel et receleur de son forfait. Creusée dangereusement au fil de notre vie professionnelle jusqu'à atteindre le point de rupture, elle a conduit certains d'entre nous à quitter brutalement ce monde, d'autres à jeter l'éponge tout aussi soudainement après avoir lutté éperdument.

Les uns ne sont plus, les autres perdent la capacité de se mouvoir, perdent la vue, perdent leurs forces ; tous ont consacré leur vie à se dresser inlassablement contre les injustices en offrant dangereusement leur fragilité à leur mission. C'est un don de soi que d'être avocat, se dresser, s'opposer, affronter et exposer aux vents un front au Caucase pareil[5]. Je pense avec émotion à Fabrice, à Hervé, à Alain, mon maître. Je pense avec émotion à vous tous qui avez laissé tant de vous-mêmes dans le combat perpétuel contre l'injustice.

Et je sais intimement que l'injustice, l'inégalité, l'iniquité rencontreront toujours sur leur chemin des milliers d'avocats qui dresseront comme autant de barricades des milliers de cœurs, certes fragiles, certes lacérés, mais des milliers de cœurs debout.

Propos libre sur la fragilité

par Bruno Rebstock

J'ai regardé impuissant rouler sur les joues de ma collaboratrice, devenue mon associée depuis, les larmes humidifiant un verdict qui ne m'est pas apparu marqué au sceau d'une sévérité excessive. Ces larmes, les siennes – les nôtres –, étaient-elles l'expression de la souffrance du condamné ? l'expression d'une défense qui avait échoué ? Ou l'expression physiologique d'un corps tendu par l'effort qui se relâche à l'instant du verdict ? Certainement un peu de tout cela.

Ces larmes restent l'expression de notre propre fragilité, celle de l'avocat. Combien est fausse la certitude que, les années passant, la carapace s'endurcit qui permettrait d'affronter impunément la noirceur du crime, la noirceur d'un accusé, le cri d'une victime, la violence d'une accusation, l'évanouissement d'une mère et la froideur d'un père. Dans une distance salvatrice, ces souffrances, ces détresses, ces vies à jamais blessées, ces excès accusatoires seraient alors objectivés, devenus extérieurs – absolument – à l'avocat.

Je crois pouvoir écrire que c'est très exactement le contraire : l'épiderme protecteur s'étiole, l'avocat s'expose dans une sensibilité qu'il peine parfois à refréner. La défense nous enchâsse dans la violence, dans la souffrance, dans les colères. Au-delà de celui que nous défendons. Au-delà de celui qui est face à nous. C'est la perméabilité à la souffrance de l'Autre, la réceptivité à ses fragilités, restituées par la défense, qui humanisent la raideur du droit, qui infléchissent la rigueur de la justice. Je me demande si au fil des ans les fragilités reçues se distinguent de nos fragilités intimes, celles-là mêmes peut-être qui nous conduisent précisément à nous mettre à l'écoute de l'Autre, à faire rempart.

De la même manière, nos fragilités sont-elles amplifiées dans la proximité des fragilités d'autrui ? Avec les mots de Christophe Bass, demandons-nous si les fragilités reçues ne sont pas le soc qui creuse « profondément le sillon ». Sur les terres de justice nous nous dressons à la croisée ; c'est le prix de nos proximités nécessaires et institutionnelles ; proximité nécessaire de celui dont on portera la voix car pour amplifier, faire entendre à l'autre, à celui qui juge, il faut être dans une proximité raisonnable mais suffisante pour être une proximité d'écoute. La confidentialité, c'est la confidence,

et la confidence, le partage, l'intimité que sécrète le secret. Puis la proximité institutionnelle ; celle qui nous est imposée dans la fréquentation du juge ; nous sommes proches et nous ne le comprenons pas toujours. Pas souvent. Peut-être une réciprocité d'incompréhension.
Nous avons dit avec ténacité, avec une constance qui pourrait confiner à l'entêtement, les 9 mètres carrés d'une cellule, le matelas au sol, et pour une énième fois sans trembler, sans apparente hésitation, sans autre temps de réflexion, que le temps de rédaction d'une ordonnance, c'est la prison. Il n'est pas question ici de critique ; seulement d'exprimer l'insidieuse douleur, l'insidieuse colère. C'est d'une extrême violence, souvent exacerbée par une motivation générale et stéréotypée, que la distance nécessaire interdit d'apaiser dans le dialogue sincère et direct avec le juge, pour comprendre. La raison n'apaisera pas.
Enfin, n'épousons-nous pas les fragilités des autres au point d'en faire les nôtres ? Nos larmes sont alors leurs larmes. Nos voix vacillantes sont les leurs. Nous sommes eux ; celui qui a failli, celui que l'on accuse, celui qui a souffert. Franchissons-nous parfois, insidieusement, une frontière ténue ? Où est le seuil entre ma fragilité et la sienne ? Je me questionne parfois sur une forme d'indécence ou plus modérément d'indélicatesse à s'approprier les douleurs et fragilités d'autrui pour fabriquer une fragilité d'ornement. Porter une parole de conviction, où se conjuguent raison et sincérité, ne peut s'accommoder d'une fragilité d'emprunt au risque d'un procès en insincérité. Être avocat, c'est laisser venir à la raison sa fragilité, la maîtriser, la dompter, l'écouter et ne jamais l'ignorer. Accepter qu'elle soit la compagne nécessaire – naturelle – de nos vies professionnelles. De nos vies. Pour être pleinement et authentiquement ce que nous sommes : avocats. *Ad vocatus.*

PARTIE II

Les outils de l'avocat pénaliste

CHAPITRE 7

La loi

par Bruno Rebstock

« La loi reine du monde, des hommes et des dieux. »

PINDARE.

« Loi, synonyme : commandement, norme, obligation, précepte, prescription, principe, règle, vérité. »

Dictionnaire Larousse.

À l'instant d'ouvrir ce chapitre, soulignons que c'est bien la loi qui sera au cœur du propos, et non le droit. C'est un choix ; non pas une indolence de langage. Le droit n'est pas la loi ; la loi n'est pas le droit. Et seule une traduction très approximative superpose les mots « loi » et « *law* », alors que ces deux mots ne se confondent hasardeusement que par l'évidence d'une première lettre commune et d'un impératif normatif exprimé en trois lettres. Le droit ne se confond pas avec la loi ; elle est l'expression écrite du droit. Elle n'est certes pas tout le droit si la loi est entendue comme une norme juridique. La Constitution, le décret, le traité, d'ici et venant d'au-delà des frontières écrivent aussi le droit. Et autour d'eux gravitent des textes dénués de valeur normative mais qui éclairent ou prétendent éclairer la lettre et l'esprit de la loi alors même que celle-ci perd de son autorité « naturelle » par un affaissement notoire de ses qualités de forme et de fond. La loi reste pourtant singulière dans le maquis de textes normatifs. Ce mot en trois lettres – loi – rayonne au firmament du droit. « Faire sa loi », « la loi du plus fort », « *dura lex sed lex* » : ainsi s'exprime la puissance de la loi. Elle fut d'abord la loi transcendante, reçue par Moïse, transcrite sur la pierre et brisée. Certainement faut-il encore savoir briser la loi. Elle fut ensuite la loi du pouvoir autocratique, puis la loi du peuple souverain. Elle vient alors s'inscrire dans une horizontalité où elle perd de son autorité, où elle se trouve en concurrence croissante avec des normes supérieures, soumise à un contrôle renforcé de constitutionnalité et désormais soumise à la supériorité des traités internationaux [1].

La loi reste pourtant le totem, la référence première ; elle, la reine incontestée, source exclusive des règles de procédure pénale, des textes d'incrimination et de répression ; en termes juridiques tout cela est ainsi écrit :

> La loi fixe les règles concernant :
> – la détermination des crimes et des délits ainsi que les peines qui leur sont applicables ; la procédure pénale ; l'amnistie [2].

Générale mais d'interprétation stricte, la loi est au cœur de la justice pénale ; d'une certaine manière, la décision de justice procède de la confrontation entre la généralité de la loi d'une part et la singularité du fait et de l'homme en jugement d'autre part.

C'est donc à l'aune de cet ordre juridique national et de ces maximes populaires que sera envisagé le rapport que l'avocat doit entretenir avec la loi à l'heure de construire une argumentation de défense. Faire émerger la figure de la loi dans la toute-puissance de ses mots et de son sens pour que justice soit rendue mais aussi savoir convaincre le juge que les mots et le sens de la loi, frappés d'obsolescence, désormais inadaptés à la morale contemporaine, peuvent être le terreau fertile de l'injustice.

Mais, avant d'aller plus avant dans le nécessaire travail de l'avocat sur les mots et le sens de la loi, peut-être convient-il de s'interroger sur ce qu'est la nature même du rapport que l'avocat entretient avec la loi. À cet instant nous viennent les mots de la mère prieure à Blanche de la Force dans *Dialogues des carmélites* : « Notre règle n'est pas un refuge, ce n'est pas la règle qui nous garde, ma fille, c'est nous qui gardons la règle[3]. »

Sommes-nous, avocats, les gardiens de la loi ? Songeons aux audacieux qui affirment péremptoirement comme une certitude objectivée que l'avocat œuvre à contourner la loi lorsque le juge s'attache servilement à en imposer le respect. Sommes-nous les gardiens autoproclamés de la loi face au juge réécrivant la loi à la faveur d'un espace d'interprétation toujours plus vaste créé par l'affaissement qualitatif de la loi ou le dévoiement de la loi devenue instrument de communication, une loi de circonstance ?

Gardien : celui qui a charge de garder, mais aussi, dans une seconde définition, celui qui défend, qui protège. Dans ces deux sens mêlés s'inscrit l'office de l'avocat : veiller à ce que la loi ne soit appliquée que lorsqu'il y a lieu de l'appliquer, veiller à ce que ce ne soit pas une loi détournée ou vidée de son sens qui s'applique, veiller en définitive à ce que la loi ne s'applique que lorsqu'elle a vocation à s'appliquer, car il n'y a de paradoxe qu'apparent à ce que renoncer à appliquer la loi soit aussi le respect de la loi. Ainsi se dessine le premier rapport de l'avocat à la loi. Mais il est aussi de l'office de l'avocat de veiller encore à ce que la loi ne s'affranchisse pas de principes supérieurs car, si tel est le cas, ce sera du principe qu'il faudra devenir l'ardent défenseur, avocat devant la figure de la loi en sursis. C'est ici que l'exigeante indépendance de l'avocat s'incarne, portée par la nécessaire distance à l'égard de la règle et du juge, regard distancié, rigoureux et critique. Commence alors la danse totémique devant les figures de la Loi : la loi juste, la loi du plus fort qui se confond avec la loi obsolète désormais vide de sens, à renverser, à briser.

Gardien qui doute, gardien scrupuleux qui questionne le support nécessaire du débat pénal : la loi. C'est cela l'avocat dans son rapport à la loi. Et, à cet instant, s'il venait à l'esprit du lecteur que seul le juge est gardien de la loi, il se rappellera qu'il n'est constitutionnellement que le gardien des libertés individuelles[a] ; voilà déjà une noble et lourde charge qui l'honore lorsqu'il se hisse jusqu'à cette exigence suprême. Questionner la loi, bousculer la loi et parfois inviter le juge à renverser la Loi, à l'ignorer : cela participe impérativement de l'acte de défense. Questionner, douter, bousculer, parfois renverser pour mieux inviter, inciter, convaincre, contraindre le juge, puis avec lui parfois le législateur à remettre en question la loi, son application. Et parfois son existence même. Il y a là un savoir-faire nécessaire qui imprime l'acte de défendre et qui se traduit dans une exigence de lecture extrinsèque et intrinsèque du texte, une approche exégétique de la loi. Ce savoir-faire doit être mis en œuvre même lorsque l'enjeu paraît très relatif, la cause, sans grand relief. C'est la finalité du mandat de l'avocat parce que c'est souvent la clé d'une défense performante. Sans concession.

Pour que ce savoir-faire s'exprime, encore faut-il que l'objet du questionnement soit identifié, connu. Il y a presque outrecuidance à l'écrire : imaginerait-on l'avocat fin connaisseur du dossier mais ignorant de la loi ? Ce serait aussi absurde qu'envisager une bonne défense dans la connaissance fine de la loi mais dans l'ignorance grossière du dossier. La loi doit être la préoccupation première de l'avocat dans l'acte de défendre et qui déroule ainsi sa réflexion au fil des questions suivantes : quelle loi fonde les poursuites ? Quel est le texte d'incrimination ? Quelles sont les circonstances aggravantes retenues ? Quelles sont les règles procédurales qui ont été mises en œuvre ? Ces questions renvoient à ce qu'est la loi en tant qu'objet abstrait,

a. « Nul ne peut être arbitrairement détenu. L'autorité judiciaire, gardienne de la liberté individuelle, assure le respect de ce principe dans les conditions prévues par la loi » (Constitution française du 4 octobre 1958, article 66).

ce qu'est la matière de la loi, puis à l'environnement de la loi, à sa faculté d'être, et demeurer en résonance avec l'état de la société dont elle régit les rapports interpersonnels des femmes et des hommes qui la composent. C'est là, redisons-le, le travail préalable, mais ô combien nécessaire, qui sous-tend l'organisation des moyens de la défense, l'élaboration de l'argumentation. Loin de la lumière qui accompagne le moment de la défense, celui où l'avocat se lève pour plaider, il y a ce temps plus obscur, plus discret, plus secret mais nécessaire de la confrontation avec la loi dans un art du questionnement qui met en jeu la linguistique, la rhétorique et d'une certaine manière la sociologie.

C'est le premier outil qui devrait être enseigné dès l'université, dont l'usage devrait être enseigné encore dans les écoles d'avocats : le questionnement de la loi. Apprendre à questionner la loi, c'est apprendre à en questionner la matière et le sens. Savoir questionner la loi, c'est savoir en questionner chaque mot, chaque ponctuation pour en faire émerger le sens. Puis en questionner le sens en le confrontant à la singularité d'un dossier, questionner parfois sa contemporanéité.

Pour développer un argumentaire de défense, l'avocat doit aller à la source de la loi ; la source de ce qui est sa matière, la source de son sens, rechercher ses origines pour mieux en confirmer ou en contester la contemporanéité : dictionnaires, circulaires, rapports parlementaires, comptes rendus des débats parlementaires, jurisprudences, droits comparés : voilà la liste des outils indispensables pour entrer dans la connaissance de la loi.

Les mots et les signes de la loi

Voilà certainement la première rencontre avec la loi. La première rencontre de l'avocat avec la loi, une rencontre littérale, et cela est encore plus prégnant lorsque la loi lui est inconnue parce que nouvelle, parce que rarement convoquée dans le débat judiciaire. De cette première rencontre naît cette première question : que dit la loi et, plus précisément encore, que dit-elle littéralement ? L'avocat est là dans une analyse intrinsèque de la loi, il explore la matière qui la compose : des mots et des signes. Et c'est de cette matière qu'émergera le sens de la loi par l'alchimie des mots et des signes. Nous y reviendrons mais disons d'emblée que l'avocat ne peut faire l'économie de ce travail d'analyse, de lecture littérale.

Prenons pour exemple l'article 223-15-2 du Code pénal, texte d'incrimination et de répression :

> Est puni de trois ans d'emprisonnement et de 375 000 euros d'amende l'abus frauduleux de l'état d'ignorance ou la situation de faiblesse soit d'un mineur, soit d'une personne dont la particulière vulnérabilité, due à son âge, à une maladie, à une infirmité, à une déficience physique ou psychique ou à un état de grossesse, est apparente ou connue de son auteur, pour conduire ce mineur ou cette personne à un acte ou à une abstention qui lui sont gravement préjudiciables.

Dans ce texte, l'attention du lecteur peut s'attacher à la puissance de mots immédiatement significatifs, dont le sens questionne la moralité, le rapport à l'autre, la domination ou le caractère sournois dans le rapport à autrui, la victime, le faible, l'abusé, l'infirme. Le travail de défense consiste à dépasser l'évidence des mots les plus immédiatement signifiants, les plus parlants pour atteindre ce qui fera la substance du débat judiciaire. Défendre, c'est ici chercher la puissance signifiante de l'apparemment insignifiant, voire non signifiant, se poser la question de l'existence dans la loi de mots inutiles, de mots silencieux qui révélera parfois l'absurdité de la loi ou *a minima* son amoralité, voire peut-être son immoralité. Dès lors, c'est dans la force signifiante de « particulière » et de « gravement » que s'inscrira une défense performante au travers d'adverbes performatifs. En effet, en l'absence d'une particulière vulnérabilité, il n'y a pas d'infraction ; pas plus qu'il n'y en aura en l'absence de conséquences gravement préjudiciables. Ce texte de loi comporte en lui-même la contradiction entre le droit et la morale puisque, dans une application stricte de la règle, autrement formulé dans une lecture d'interprétation stricte du texte, l'individu qui obtient la remise d'une somme de 2 millions d'euros en abusant de la faiblesse ou de l'état d'ignorance d'une victime dont le patrimoine serait valorisé à 50 millions d'euros pourrait échapper à la condamnation, alors que celui qui, dans les mêmes circonstances, aura obtenu la remise de quelques centaines d'euros au préjudice d'un modeste retraité sans patrimoine s'entendra condamné... la morale et le droit. Un autre sujet.

Autre exemple de questionnement littéral, celui qui s'attache au mot « intention » : « Acte, fait de se proposer un certain but. Un acte commis avec l'intention de nuire » et qui a pour synonyme « dessein » (selon le dictionnaire *Le Robert*). Depuis fort longtemps le juge retient l'intention homicide au regard de l'organe ou de la partie du corps atteints par les violences. Autrement exprimé, c'est la matérialité qui l'emporte sur l'intentionnalité illustrée par cette jurisprudence relative au jeu sexuel qui conduisit à la mort de l'un des partenaires. La presse helvétique avait titré « Asphyxie érotique ou meurtre ? » – question épineuse – dans l'affaire dite « de la plume[a] ». La cour cantonale genevoise « avait retenu la thèse de l'asphyxie érotique et écarté celle du meurtre », écrit le journaliste. Le Tribunal fédéral a censuré cette décision. Dans le bouillonnement doctrinal entre dol spécial et dol général, à l'ombre de l'abondante littérature universitaire, le juge trace son chemin à la faveur ou au prix d'une redéfinition très singulière du mot « intention ». C'est encore et toujours l'office de l'avocat de s'attacher, de s'arrimer à la définition du mot pour développer ses arguments de défense, pour soutenir contre l'interprétation mais avec la rigueur du sens des mots que les

a. Une plume d'oreiller a été retrouvée dans les voies respiratoires de la femme : les réflexes de toux auraient dû alerter le partenaire s'il était engagé dans un « simple jeu » d'étouffement érotique.

violences volontairement infligées, consenties et désirées et qui conduisent à la mort de l'un des partenaires ne caractérisent pas irréfragablement l'intention homicide, le « dessein » de donner la mort... Abandonnant à l'école freudienne et à l'école lacanienne la poursuite du débat...

Comment ne pas évoquer dans cet exercice de lecture, d'analyse littérale, les lois de procédure ? Questionner la singularité d'un Code de procédure pénale qui ignore le terme « plaignant » pour lui préférer celui de « victime ». Victime dès le dépôt de plainte, victime encore dans la phase d'enquête, d'instruction, victime encore lors des débats devant les juridictions de jugement. Pourquoi « victime » et pas « plaignant » ? Pourtant l'un n'est pas synonyme de l'autre. La victime n'est pas un accusateur, un chicaneur, un dénonciateur, un diffamateur ou bien encore un calomniateur puisque tels sont les synonymes de plaignant. Bien sûr qu'il y a des plaignants qui portent en eux-mêmes déjà les signes de la victime, que cette qualité procédurale ne saurait leur être discutée, mais il y a aussi des plaignants qui ne seront jamais reconnus comme des victimes parce que le fait n'aura pas existé, parce que le défaut de consentement sera manquant. Et pourtant le mot pèse dans le débat judiciaire, le mot stigmatise l'auteur présumé innocent lorsqu'il sacralise la parole du plaignant. Victime : ce mot, dont l'usage est parfois inapproprié, parfois prématuré, est une ombre qui obscurcit la présomption d'innocence et qui trouble l'équilibre fragile et incertain du débat judiciaire. C'est à l'avocat d'imposer le mot juste dans les débats, dans ses écrits, dans ses prises de parole, au détour du questionnement d'un témoin, d'un expert.

Et puis ce texte lumineux dont les jurés doivent recevoir lecture par le président de la cour d'assises et qu'ils doivent pouvoir lire à tout instant, un rappel, un guide pour parvenir à bien juger. Cette instruction veille sur eux, « affichée en gros caractères, dans le lieu le plus apparent de la chambre des délibérations [4] », lecture imposée aux jurés des cours d'assises :

Sous réserve de l'exigence de motivation de la décision, la loi ne demande pas compte à chacun des juges et jurés composant la cour d'assises des moyens par lesquels ils se sont convaincus, elle ne leur prescrit pas de règles desquelles ils doivent faire particulièrement dépendre la plénitude et la suffisance d'une preuve ; elle leur prescrit de s'interroger eux-mêmes dans le silence et le recueillement et de chercher, dans la sincérité de leur conscience, quelle impression ont faite, sur leur raison, les preuves rapportées contre l'accusé, et les moyens de sa défense. La loi ne leur fait que cette seule question, qui renferme toute la mesure de leurs devoirs : « Avez-vous une intime conviction[5] ? »

Face à la cour, en ce moment singulier du procès pénal, à l'adresse des juges et plus encore des jurés, il faut interpeller à voix haute, convoquer au cœur du propos, les mots qui dessinent les contours et les limites du jugement de chaque femme, de chaque homme qui composent la cour. Il faut plaider la « preuve », la « raison », l'« intime », la « conviction », la « conscience ». Comme autant de libertés et de remparts dans le processus intime et personnel d'élaboration de la décision de justice.

Le sens de la loi

Au regard de l'acte et de l'homme soumis au jugement, la loi que s'apprête à appliquer le juge a-t-elle du sens ? C'est le second temps d'un questionnement fondamental. L'incrimination prévue par la loi a-t-elle vocation à s'appliquer ? Autrement exprimé, les éléments constitutifs de l'infraction sont-ils en concordance avec les éléments factuels, avec l'intention de l'auteur ? Cette question renferme tous les enjeux de la qualification pénale. La loi d'incrimination que le juge est invité à retenir est-elle en concordance avec les éléments factuels ? Un autre texte d'incrimination ne serait-il pas plus justement approprié ? Aucune loi n'a vocation à s'appliquer ou ce n'est pas la bonne loi, c'est-à-dire la bonne incrimination qui est visée dans les poursuites. Ou bien encore le sens de cette loi heurte un principe supérieur. Ou bien encore cette loi est « obsolète », périmée, dépassée. Elle échoue au test de contemporanéité.

S'intéresser au sens de la loi, à la raison d'être de cette loi revient à s'inscrire désormais dans une approche extrinsèque succédant à l'approche littérale. Aborder l'origine de la loi, le contexte sociétal de sa naissance, est une démarche qui peut permettre parfois d'argumenter sur la « caducité » sociale de la norme dont le manquement est incriminé et sanctionné. C'est la contextualisation de la loi : l'origine de la loi est parfois aussi touffue et obscure que l'origine du monde au point que le sens même s'y perde, que la valeur protégée ne soit plus reconnue comme telle parce que la société évolue. Rares sont les lois immuables. L'injonction divine « Tu ne tueras point » – que les hommes raisonnables ou soucieux de leur propre survie se sont appropriée – s'inscrit dans cette catégorie. Et nul ne contestera sérieusement dans un geste de défense dérisoire l'incrimination de l'homicide volontaire, même involontaire. L'heure étant plutôt à envisager des sous-catégories d'homicides : qu'advienne l'homicide routier... Et même lorsque la mort est appelée de ses vœux par l'homme en souffrance, au soir de sa vie, incapable d'autolyse, celui qui aide à l'accomplissement de cette volonté éclairée demeure susceptible d'être emporté par la violence de l'incrimination. Les tergiversations juridiques, éthiques, philosophiques sur le suicide assisté en sont la lumineuse illustration.

Intéressons-nous alors à toutes ces lois de circonstances, de faits divers. Ce sont celles-là qu'avant même le juge et le législateur, mais source d'inspiration et de réflexion pour ces derniers, l'avocat doit soumettre au test de la contemporanéité. Ce sont ces lois que l'avocat doit confronter aux principes supérieurs, de ceux qui marquent le progrès de l'humanité, de l'humanisme. L'esclavage, la peine de mort, le délit d'avortement et le délit d'homosexualité, quatre exemples de lois obsolètes, dont la défense, par sa pugnacité, par sa volonté d'aller questionner avec la violence de l'argument et elle seule – droit contre droit –, a réussi à obtenir l'abrogation par la conviction qu'elle aura su transmettre directement au juge, indirectement au législateur. Ce travail est d'abord celui de la défense qui dépasse alors une défense *stricto sensu,* qui dépasse son mandant en s'appuyant pleinement sur la singularité d'une poursuite pénale pour inviter le juge, le contraindre moralement à rendre la décision qui ouvrira la voie de l'abrogation.

L'esclavage, l'homosexualité, l'avortement, la fraternité

L'ESCLAVAGE

Ce fut l'esclave Furcy Madeleine[6] qui trouva en un magistrat – le procureur général de l'île Bourbon désormais île de la Réunion – son avocat pour faire reconnaître sa qualité d'homme libre. Une époque s'achevait. Il fallait en précipiter la chute et, avec elle, d'abord celle de la loi. Et même si Furcy Madeleine désormais homme libre ce 23 décembre 1843 n'est pas à l'origine de l'abolition de l'esclavage, il aura par la force des mots de la loi convaincu la Cour de cassation de le déclarer libre de naissance. La loi, rien que la loi. Toute la loi.

LA PEINE DE MORT

Nulle nécessité de rappeler ici les mots prononcés par Robert Badinter le 20 janvier 1977 devant les juges et jurés de la cour d'assises de l'Aube. Il défendait Patrick Henry, mais il défendait déjà l'abolition de la peine de mort. Il eut l'audace, avec les mots justes, d'évoquer l'exécution légale, la mort infligée au nom de la loi. Avec les mots, toujours la puissance des mots, il donna à voir et à entendre l'exécution. Mais la loi devenait obsolète, son sens se trouvait amoindri devant une prise de conscience collective, certes non majoritaire encore, mais la voie s'ouvrait vers l'abrogation votée le 9 octobre 1981.

LE DÉLIT D'AVORTEMENT

Une avocate, Gisèle Halimi, devant trois hommes, trois juges, à Bobigny le 11 octobre 1972. Elle défendait une jeune fille mineure, Marie-Claire Chevalier, et quatre femmes qui avaient participé à l'avortement alors clandestin. Elle défendait Marie-Claire Chevalier et ces quatre femmes, mais elle défendait déjà la liberté des femmes. La puissance des mots encore :

> Si je ne parle aujourd'hui, messieurs, que de l'avortement et de la condition faite à la femme par une loi répressive, une loi d'un autre âge, c'est moins parce que le dossier nous y contraint que parce que cette loi est la pierre de touche de l'oppression qui frappe les femmes. [...] J'arrive à ce qui me paraît le plus important dans la condamnation de cette loi.

Et de conclure :

> Ce jugement, messieurs, vous le savez – je ne fuis pas la difficulté, et c'est pour cela que je parle de courage –, ce jugement de relaxe sera irréversible, et à votre suite le législateur s'en préoccupera[7].

Cette plaidoirie est exemplaire tant l'argument est ici construit pour démontrer l'obsolescence de la loi, une loi désormais en rupture avec les valeurs de la société et dont le sort est à cet instant scellé par le jugement de relaxe que prononcera le tribunal correctionnel de Bobigny. Cette loi répressive est condamnée à l'instant même où Marie-Claire Chevalier et ses quatre coprévenues sont relaxées. La solidité, le caractère humainement, sociologiquement irréfutable des arguments portés par les mots simples, efficaces, venus à la rencontre de l'écoute du tribunal et l'abolition qui s'impose au législateur. Gisèle Halimi est alors le visage de la défense juste devant l'injustice d'une loi condamnée.

LE DÉLIT D'HOMOSEXUALITÉ

Se trouverait-il encore un juge pour condamner aujourd'hui plus sévèrement, dans une stricte application des mots de la loi, au seul motif d'une identité sexuelle entre l'auteur d'une agression sexuelle et sa victime ? Quelles seraient aujourd'hui la place et l'effectivité dans l'ordre juridique d'une loi d'incrimination et de répression de l'homosexualité alors même que le Code civil accueille l'institution républicaine du mariage sans distinction de sexe entre les époux ? C'est encore l'exemple même d'une loi devenue obsolète, échouant au test de contemporanéité, que le Parlement abrogera en 1983 sur le rapport de Gisèle Halimi devenue députée. Combien d'avocats ont certainement plaidé l'argument de la perte de sens, du non-sens de cette loi répressive, de son extrême injustice, de son illisibilité parce que inscrite au rang d'une morale désormais dépassée.

LA FRATERNITÉ

Aux termes du premier alinéa de l'article L.622-1 du Code de l'entrée et du séjour des étrangers et du droit d'asile, le fait d'aider directement ou indirectement un étranger à entrer, à circuler ou à séjourner irrégulièrement en France est un délit. Et c'est sur ce fondement que les juges de la cour d'appel d'Aix-en-Provence ont condamné Cédric Herrou. Ses avocats ont alors questionné puis invoqué le principe de fraternité, un argumentaire juridique construit autour d'un principe à valeur constitutionnelle trop longtemps inscrit comme un mot mort sur les frontons des palais de justice. Un argument plaidé devant la Cour de cassation, des juges invités à s'interroger sur l'effectivité de ce principe et un juge constitutionnel qui par une remarquable décision du 6 juillet 2018 consacrera l'effectivité de ce principe en déclarant non conforme à la Constitution les dispositions précitées[8]. Les frontons de la République ont du sens.

Comme « La mer, la mer, toujours recommencée[9] ! », voici l'inlassable travail de défense esquissé dans le respect critique de la loi ; se confronter aux mots et aux signes de la loi, déchiffrer l'alchimie de ses mots et de ses signes, en extraire le sens et confronter le sens à l'évolution du monde dans lequel s'inscrit la loi. Car, si « la loi est reine du monde et des hommes », peut-être des dieux, elle ne l'est que tout autant qu'elle demeure en phase avec ce monde, porteuse de valeurs communes aux femmes et aux hommes qui font société.

Propos libre sur la loi

par Matthieu Boissavy

Géométrie de justice : dans sa forme la plus pure, la justice pénale est un triangle, le procureur d'un côté (la partie civile à ses pieds), l'accusé à un côté opposé et, sur un troisième côté, au centre des deux, le tiers au litige, le juge. Ou bien une pyramide à trois côtés si l'on veut bien voir que le droit, cet autre tiers symbolique, en est la pointe haute surplombant le tout. Et la loi dans ce schéma ? La loi est dans le droit. Mais la loi n'est pas tout le droit. Certes, la loi pénale, d'interprétation stricte, est sacrée, et le juge doit la respecter. Certes, la loi est notre boussole pour guider notre conduite et notre bouclier contre l'arbitraire. Seulement, n'en déplaise à Montesquieu, en réalité le juge pénal ne se cantonne pas à être la bouche de la loi.

D'une part parce que, de toute éternité, le juge se vit au mieux comme un « législateur interstitiel », c'est-à-dire comme celui qui crée le droit dans les défauts ou les obscurités de la loi. Et, au pire, comme le seul vrai législateur en opposition avec celui du Parlement. D'autre part parce que la loi peut être corrigée par l'équité à qui l'on donne les noms de principes généraux de droit, de droits fondamentaux ou encore de droit naturel.

Le droit doit être au service de la justice. La justice est d'attribuer à chacun la part qui lui revient, pour reprendre les termes d'Aristote dans l'*Éthique à Nicomaque*. Lorsque la loi, la loi positive, celle votée par le législateur, se détache de la conception qu'ont les hommes de la justice dans une société, lorsque la loi attribue à chacun de manière injuste les parts de récompenses ou les parts de peines, il est du devoir de l'avocat d'attaquer la loi et de la faire changer. Ce fut le sens du combat magnifique de Gisèle Halimi dans le procès de Bobigny, qui restera dans l'histoire comme le procès contre la loi réprimant l'avortement.

« Dieu nous préserve de l'équité des parlements », disaient nos ancêtres sous l'Ancien Régime avant de faire la Révolution et de placer la loi au pinacle. Que l'équité nous préserve des lois mal faites, des lois conçues pour complaire aux instincts les plus vils de l'opinion publique, des lois idiotes ou injustes du Parlement. Et que de tout temps les avocats et les juges travaillent avec ardeur pour appliquer les lois avec justesse et justice.

CHAPITRE 8

La connaissance

par Fabrice Giletta

« Le savoir, c'est ce qu'on vous apprend. La connaissance, c'est ce que vous apprenez par vous-même. »

Marguerite DURAS.

À retenir cette définition que Marguerite Duras donne de la connaissance, il serait ainsi paradoxal de discourir à son sujet, puisque, par essence, elle ne se rendrait accessible qu'à partir de sa propre expérience. Quelle serait alors l'utilité, dans un ouvrage consacré à l'action de *défendre*, d'apporter un témoignage qui, en définitive, ne serait utile qu'à son auteur, au prix d'une introspection rassemblant près de trente années de souvenirs professionnels, formés de questionnements incessants, de profonds tourments, de vaines certitudes, de satisfactions éphémères parfois, de déceptions indélébiles toujours ?

Je veux croire que ces expériences, qui ont laissé leurs marques sur la robe revêtue lors de chacune de ces audiences, m'autorisent à exprimer une opinion sur la nécessité impérieuse pour un avocat d'avoir une connaissance aiguë de tous les paramètres qui l'entourent. Tel l'artisan qui, cent fois sur le métier a remis son ouvrage, l'avocat, mû par la force du mandat qui lui a été confié, par la conviction qui l'anime, par la nécessité de parvenir à un résultat que toujours il espère, ne doit avoir de cesse de travailler pour parvenir à sa fin, la satisfaction des intérêts de son client (et sans doute, aussi, sa propre satisfaction à travers la victoire qui vient couronner un combat judiciaire).

Ce travail l'oblige à parfaire sa connaissance du droit, du dossier, de lui-même, de son prochain, du monde qui l'entoure, de son adversaire, du juge. Pour tous ces paramètres, il ne fait nul doute que la connaissance aiguisée est un atout. Mais *quid* de la vérité ? La connaître est-elle nécessaire au plaideur ?

Le droit

Plus que la connaissance encyclopédique contenue dans ces milliers d'articles qui composent ces nombreux codes rouges fleurissant dans les bibliothèques des juristes, ce qui est nécessaire est la capacité d'identifier les problématiques dont les solutions seront à y rechercher. Ainsi, l'avocat doit être rompu à une méthode de raisonnement qui sera souvent identique quelle que soit la matière concernée et à laquelle il est confronté. Dans une logique très pragmatique, l'avocat devra vérifier les problèmes de compétence, de régularité, de recevabilité, puis examiner les conditions de fond. Dans une telle perspective d'élaboration de la Défense, il va de soi qu'une connaissance parfaite de la matière constituera un avantage certain pour le professionnel, ne serait-ce qu'en termes de gain de temps.

Son œil aiguisé lui permettra de « scanner » plus rapidement une procédure. L'utilisation d'un verbe emprunté à la terminologie informatique n'est, à ce sujet, pas innocente tant il est vrai que certains acteurs du monde judiciaire, s'interrogeant sur l'extraordinaire capacité d'avocats particulièrement férus de procédure pénale à invoquer des irrégularités, sources de nullités, suggèrent que le recours à l'intelligence artificielle pourrait en être la cause.

À ce stade, cela paraît relever du fantasme (ou de l'explication irrationnelle pour justifier les prouesses dont sont capables certains), mais il ne fait aucun doute que dans un avenir très prochain l'utilisation de l'intelligence artificielle constituera un avantage indéniable.

Déjà, d'ailleurs, avons-nous recours (grâce à un abonnement institutionnel) à des moyens de recherches jurisprudentielles basées sur des algorithmes fonctionnant à partir de mots clés permettant de recenser en quelques secondes de nombreuses décisions de justice concernant des problématiques similaires à celles de l'objet de l'étude (là où des heures entières de consultations d'encyclopédies et de recueils poussiéreux étaient autrefois nécessaires). Nous ne sommes pas loin, grâce à cette possibilité d'examen comparatif exhaustif (quasiment toutes les décisions des juridictions nationales sont répertoriées), d'esquisser le trait d'une justice prédictive. Mais est-ce à dire que le recours à un professionnel hyperspécialisé est indispensable ? Je ne le pense pas pour en avoir eu parfois la démonstration.

Nous pouvons pécher par excès de confiance (ce n'est pas rare dans une profession dont les acteurs ont parfois un ego surdéveloppé), et être surpris par un confrère dont nous ne nous étions pas méfiés car il n'était pas identifié comme un adversaire redoutable, ne pratiquant que peu la matière. Pourtant, en quasi-néophyte scrupuleux de bien faire, ce dernier aura repris les bases de toute la procédure à laquelle il se trouve confronté. Et ainsi pourra-t-il dénicher ce qu'un œil peut-être plus aguerri, mais parfois blasé, n'aura plus vu... Une telle expérience est assurément, pour l'orgueilleux temporaire qui y est confronté, de nature à lui rappeler l'humilité...

La connaissance du droit est quoi qu'il en soit assurément indispensable car l'acte de défense repose sur une discussion juridique quant à la caractérisation de faits reprochés à un ou plusieurs individus. L'interlocuteur de l'avocat, celui qu'il doit convaincre – le juge –, doit appliquer le droit ; il doit surtout restituer à ces faits leur qualification juridique. Cela suppose que les faits en cause soient parfaitement appréhendés par l'avocat : il s'agit là de la question relative à la connaissance du dossier.

Le dossier

Nombre d'entre nous (à nos débuts notamment) ont été parfois subjugués par des plaidoiries prononcées par des confrères très en verve et qui ne reposaient pourtant ni sur une démonstration factuelle ni sur un raisonnement juridique précis. Avec le temps, il n'était pas rare de s'apercevoir que de mêmes formules étaient régulièrement réutilisées (parfois usées jusqu'à la corde) et qu'elles ne visaient qu'à masquer une carence dans l'appréhension du dossier. Il me revient ainsi une anecdote vécue devant une cour d'assises. Alors qu'avec l'un de mes confrères nous avions plaidé puis reçu le verdict, allant saluer la cour comme il est d'usage, mon confrère demanda au président de la juridiction comment il avait trouvé sa plaidoirie. Le magistrat, mi-malicieux, mi-goguenard, lui répondit qu'il l'avait davantage appréciée que la fois précédente alors même qu'il avait observé qu'elles étaient identiques...

Pourtant, parfois, des argumentaires éloquents, très éloignés des faits jugés (pour mieux les mettre à distance sans doute), ont pu s'avérer redoutablement efficaces. Le crime est souvent si atroce... Il peut également arriver que l'on ne distingue pas immédiatement le lien entre l'argument invoqué et le bénéfice que l'on entend en tirer, puis subitement tout se met en place, parfaitement, comme des rouages s'imbriquant, et la démonstration alors surgit, d'une logique implacable, lumineuse, évidente. Emmener son interlocuteur là où il ne s'attend pas à se retrouver peut être très opportun. Avoir piqué la curiosité de celui qui doit décider, suscité son attention, excité son intérêt, pour achever de le convaincre en passant par un cheminement intellectuel qu'il n'avait pas emprunté est la quintessence de l'art oratoire.

L'objectif de l'avocat est assurément (mais *in fine*) de convaincre son auditoire. Pour cela, il doit parfaitement maîtriser le dossier. Bien sûr, la plaidoirie constituera l'aboutissement du travail auquel il aura consacré de nombreuses heures. La préparation est ainsi un élément indispensable d'une défense aboutie. L'avocat ne devra rien ignorer du contenu de la procédure, des investigations menées, de leur résultat. Il devra également en avoir informé son client afin que celui-ci puisse adopter un positionnement en connaissance de cause. Le rôle de conseil de l'avocat repose avant tout sur l'identification des éléments défavorables à son client et sur l'appréhension et la mise en perspective des arguments à décharge. Pour autant l'élaboration de la défense suppose-t-elle que l'avocat s'associe à la définition du positionnement de son client par rapport aux faits. Doit-il participer à construire un récit qui « colle » aux éléments du dossier ?

Je pense qu'il convient d'avoir à cet égard une position prudente et nuancée.

Il doit être rappelé que celui qui se voit accusé (qu'il soit mis en cause, en examen, prévenu ou accusé) a le droit de mentir. Dans le système judiciaire national, il a le droit de se taire et de ne pas s'auto-incriminer. Par extension, doit-on en déduire que le rôle (et même le devoir) de conseil impose à son avocat de mettre sa connaissance du dossier, sa science et pourquoi pas son imagination au service de son mandant pour élaborer avec lui un récit « cousu main » ? En d'autres termes, l'avocat est-il un fabricant de mensonges ? Récemment, un documentaire télévisé permettait aux téléspectateurs d'assister, au mépris de tout respect du secret professionnel, à des entretiens en cabinet entre un avocat et le client qu'il devait ensuite assister devant une juridiction correctionnelle. Nous pouvions ainsi observer (médusé en ce qui me concerne) la préparation de la comparution de ce client auquel son avocat dictait ce qu'il devait dire, sans considération aucune pour ce qui pouvait être la vérité de ce dernier (à ce stade, je n'évoquerai pas encore « la vérité »).

Je crois plus en phase avec ma vision de l'éthique professionnelle d'attirer l'attention du client sur le caractère parfois contradictoire de son récit avec des éléments du dossier qui viendraient frontalement le heurter.

Il est du devoir de l'avocat de livrer à son mandant toutes les charges qui l'impliquent, et de le confronter aux limites de son positionnement, faute de quoi, ce dernier sera inaudible dans ses protestations. Il faut lui permettre d'évoluer afin d'être crédible, sans être soi-même le concepteur d'un mensonge.

Doit-on considérer que cette nuance n'est qu'un aménagement de conscience, une hypocrisie ? Je suis convaincu du contraire. L'avocat, bien que n'entretenant pas de rapports étroits avec la vérité (qu'il ne possède généralement pas), doit assurer une défense efficace tout en étant imprégné de son éthique professionnelle. Mais, si l'avocat doit tout dire à son client de ce que le dossier recèle comme informations, cela suppose-t-il une réciprocité ? En d'autres termes, est-il opportun ? souhaitable ? que le client dise tout à son conseil ?

La vérité

L'intitulé de ce chapitre est trompeur. Il s'agit en réalité d'envisager les confidences que le client peut faire à son avocat, assuré que le secret professionnel auquel celui-ci est assujetti le protège de toute révélation à des tiers. Mais qui pourrait considérer que cette confidence faite serait systématiquement le reflet de la vérité ? Ces déclarations sont nécessairement subjectives. Celles dont l'avocat peut être dépositaire seront toujours partielles et partiales. Il ne doit pas en être dupe.

L'avocat n'interroge en principe pas son client sur la vérité des faits, au-delà de ce que celui-ci en dit officiellement dans le cadre de la procédure. Malgré cela, il n'est pas rare que la personne que l'on assiste se montre très insistante pour nous convaincre de son innocence, persuadée sans doute que nous nous montrerons plus déterminés pour empêcher la commission d'une erreur judiciaire.

Est-il indispensable de croire en l'innocence d'un individu pour soutenir avec pugnacité sa position ? Je dirai pour ma part qu'il est nécessaire d'être convaincu que le dossier ne révèle pas la preuve de sa culpabilité. La nuance est de taille. Ce qui importe alors est le caractère sérieux et crédible de l'argumentation qui va être développée.

L'avocat étant lié avec son client par un mandat, il doit en respecter les termes et la finalité. Si sa propre conviction quant au mode de défense opportun à retenir vient en opposition avec la position que revendique son client, l'avocat devra soit le convaincre d'évoluer, soit l'informer de son incapacité à soutenir efficacement sa thèse afin de lui permettre d'avoir recours à l'un de ses confrères.

Pour autant, il ne peut être nié que le plaideur sera parfois mû par une force extraordinaire (il n'est pas rare de lire dans les commentaires des chroniqueurs judiciaires qu'un avocat y aura mis « toutes ses tripes ») s'il est confronté au spectre de l'erreur judiciaire. Ainsi, cette croyance (ou cette foi) en l'innocence peut avoir une influence sur la prestation, mais elle ne peut en être une condition nécessaire.

À l'inverse, il peut être plus confortable intellectuellement d'ignorer une vérité que la personne accusée voudrait nous confier alors que cette vérité est en totale opposition avec ce que notre mandant indique officiellement et avec ce que les éléments révèlent (ou plus exactement ne révèlent pas). Je ne souhaite pas connaître la culpabilité d'un homme dont je défends l'innocence qu'il revendique aux yeux de la société et de la justice ; je ne veux pas être embarrassé par des aveux faits sous le sceau de la confession ; non que je ne puisse m'en défaire ou m'en éloigner, mais je préfère être à la même distance du dossier que le seront mes adversaires ou interlocuteurs, pour mieux percevoir leur positionnement, anticiper leurs réflexions.

Pour conserver mon objectivité (moi qui par définition peux être subjectif) dans l'appréhension du dossier, je veux disposer des mêmes cartes qu'eux, ne pas être pollué par des précisions qui peuvent obscurcir ma vision des choses. Je veux jouir d'un « beau résultat » à l'énoncé d'un verdict, sans voir cette joie ternie par la connaissance (en raison de confidences reçues au sujet de circonstances non établies en procédure) de ce que la vérité (ou l'exactitude des faits) a été bafouée, de ce que j'y ai contribué.

Selon moi, cela vaut essentiellement pour les dossiers les plus graves, les crimes, lorsque, face à nous, nous avons des victimes éplorées, qui souvent ne cherchent qu'à obtenir la vérité. Lorsque la juridiction la leur confisque à la faveur (ou défaveur) d'un verdict d'acquittement, cela les laisse face à un abîme d'incertitudes que jamais elles ne dissiperont.

Est-ce la faute de l'avocat ? Sa conscience doit-elle être meurtrie par l'obtention d'une décision non conforme aux faits objectifs ? Plus certainement, d'autres responsabilités seront en cause : une enquête mal effectuée, une information bâclée, une accusation insuffisamment soutenue... Mais si l'on peut s'éviter un tel questionnement interne...

En d'autres matières, l'avocat, par nature accro à l'ivresse de la victoire, ne se réjouira que davantage de l'emporter alors que tout était contre lui, la certitude d'avoir gagné malgré une culpabilité quasi avérée ne rendra alors cette victoire que plus savoureuse...

L'acte de défense est parfois schizophrénique...

Du juge

Nous connaissons tous cet adage : « Il vaut mieux connaître le juge que le droit. » L'esprit de cette formule vise à soutenir que la connaissance du juge assurera d'obtenir des faveurs que le travail assidu n'aurait pas permis d'atteindre. Il ne saurait en l'occurrence être question d'envisager cela. Mais pour autant est-il inutile de connaître le juge, de savoir comment il conduit son audience, quelle peut être sa sensibilité face à tel argument ? Cela ne permet-il pas d'anticiper, et de se positionner dans une logique plus efficace ?

On adaptera généralement ses arguments en considération des « particularismes » du juge. Il sera opportun d'accentuer la pression sur la peine face à un juge réputé répressif pour le convaincre de ne pas retenir une sanction trop lourde. Autre exemple, si un magistrat est connu pour ne pas supporter les enquêtes bâclées, la défense fera plus volontiers le procès des investigations ratées, des vérifications non abouties. Dans de telles hypothèses, la connaissance du juge peut influer sur le choix des arguments, moyens à faire valoir, dans un exercice d'« opportunisme judiciaire ». Bien sûr, la ficelle ne doit pas être trop apparente, sauf à irriter l'interlocuteur. La défense facile est rarement félicitée, et à juste titre. Mais l'intelligence de l'audience n'est-elle pas aussi cette capacité à percevoir ce qui n'est pas immédiatement apparent, de s'adapter pour redéfinir une stratégie, sans évidemment se renier, ou abandonner le système de défense choisi, voire la position adoptée par le client ?

Mais quelle est d'ailleurs finalement notre responsabilité vis-à-vis du client, et quelles sont définitivement ses attentes ? Est-ce de rester obstinément dans les pas qu'il a tracés, ou de parfois nous en éloigner subtilement pour lui obtenir le meilleur résultat possible ? L'avocat est bien sûr lié par son mandat, mais je ne connais pas d'accusés qui aient eu à reprocher à leur conseil d'avoir obtenu un « trop bon résultat », quitte à ce qu'il se soit discrètement mis à distance de son positionnement...

La volonté de connaître son juge pourrait-elle conduire à ce que l'on se dirige vers une américanisation du procès ? Au moyen de recherches menées sur ses opinions et ses sensibilités.

S'il ne s'agit pas d'orienter sa curiosité vers la vie personnelle du juge, l'analyse des données de jurisprudence (les décisions accessibles en ligne) permet déjà de définir un profil de ce dernier. De même, la considération des particularismes professionnels identifiés du magistrat peut dicter une stratégie. Au moment de faire appel afin de remettre en cause le résultat obtenu en première instance, la question de la composition de la cour se posera nécessairement. On mesurera le caractère satisfactoire ou non du jugement prononcé à l'aune de ce que l'on peut obtenir (ou en tout cas espérer) en appel.

Une cour composée de magistrats hautement répressifs dissuadera souvent les prévenus de tenter leur chance à l'occasion d'un second procès.

Idéalement, point ne serait besoin de connaître les sensibilités du juge qui ne devrait être qu'un arbitre neutre. En aucune façon sa personnalité ne devrait interférer sur la décision. La nécessaire collégialité devrait d'ailleurs permettre de gommer les aspérités individuelles. Pourtant, trop souvent on identifie la présence d'assesseurs « fantoches » peu en capacité de s'opposer à l'autorité du président (ou n'en ayant aucunement la volonté)...

Un particularisme est à observer en matière de cour d'assises, du fait de la présence d'un jury populaire. La communication de la liste des jurés ne contient que leur identité et leur profession. Si ce dernier élément peut, à lui seul, s'avérer instructif (la défense récusera plus volontiers un banquier dans une affaire de vol à main armée...), il est en revanche insuffisant pour établir le portrait-robot du juré idéal.

Je crois peu pour ma part aux vertus de la sélection des jurés, et fais usage avec une grande parcimonie du droit de récusation. Mais, à l'instar de ce qui se pratique aux États-Unis pour la composition du jury, désormais, l'usage de la technique et des délais qu'offre le Code de procédure pénale après la communication de la liste des jurés pourrait permettre de disposer d'une masse d'informations à leur égard.

Ces formidables mouchards que sont les réseaux sociaux, sur lesquels l'immense majorité des participants exhibe sans pudeur sa vie, ses loisirs, ses opinions, drainent une multitude de renseignements qui, sans doute, en disent long sur les caractéristiques qui peuvent poindre au moment de juger.

Ce n'est pas tant le risque de sélection que peuvent engendrer ces renseignements accessibles que le risque de pressions qui pourraient être exercées sur des jurés qui poussent aujourd'hui certains magistrats, voire l'ancien garde des Sceaux lui-même, à préconiser qu'en matière de « narchomicides » (pour reprendre l'expression utilisée) seule la cour d'assises spéciale soit compétente (c'est-à-dire composée uniquement de magistrats professionnels).

Pour conclure, je ne résiste à l'envie d'évoquer une anecdote qui, à elle seule, remet en cause l'essentiel ce que j'ai écrit. Il y a de nombreuses années, je me rendais devant le tribunal correctionnel d'une ville où je n'avais jamais mis les pieds, afin de plaider pour un client qui avait transmis à un détenu un téléphone en maison d'arrêt. J'ai tâché de m'exprimer avec application et conviction et n'ai pu que déceler un brin d'amusement dans l'œil des confrères locaux. Lorsque je me suis enquis de leur réaction, l'un d'eux me dit que j'avais fourni un effort bien inutile parce que avec ce magistrat cette infraction était systématiquement sanctionnée de la même peine d'emprisonnement. À l'énoncé du délibéré, bien en deçà de cette peine automatique que l'on m'avait promise, je dis à mon confrère que je n'avais aucun mérite car j'ignorais que c'était peine perdue… Il aurait été en l'occurrence contre-productif de connaître les prédispositions de ce juge ; en revanche, il peut s'avérer fondamental de se connaître soi-même.

De soi, des autres ?

Lors d'un procès, l'avocat est dans une arène et il doit en ressortir victorieux. Certains y voient un théâtre dans lequel chacun jouerait un rôle. D'autres enfin, comme Jacques Vergès, considèrent que « la justice est un jeu [1] ».

Bien que ne goûtant que peu à la métaphore guerrière, je pense que le procès est un combat. L'avocat livre une bataille et il a face à lui des adversaires (ce qui n'empêche aucunement le respect et la considération de l'autre – à charge de réciprocité). Il est donc nécessaire de bien se connaître soi-même afin d'éviter de tomber dans des chausse-trappes. Connaître ses défauts, c'est se mettre en capacité de les maîtriser.

Il peut être opportun également d'appréhender les traits caractéristiques de ses « adversaires », qu'ils soient du ministère public ou de la partie civile. Un procès, d'assises particulièrement, est vivant. Il faut faire preuve de repartie, les joutes verbales opposant les parties durant un procès n'étant pas rares. Il convient d'être réactif, donc très concentré et surtout de savoir observer. Parfois la question peut se poser de savoir s'il ne s'agit pas d'un jeu de dupes où chacun s'emploierait à occuper du mieux qu'il peut la place qui est la sienne, après avoir revêtu le costume qui lui revient.

Comme l'écrivait Alexandre Dumas dans *Le Comte de Monte-Cristo* : « Fais semblant de t'estimer et on t'estimera, axiome plus utile cent fois dans notre société que celui des Grecs : "Connais-toi toi-même", remplacé de nos jours par l'art moins difficile et plus avantageux de connaître les autres. » Ne cédant pas à cette facilité, à ces apparats de façade, l'avocat doit garder au plus près de lui la conviction qui seule peut l'animer au point de lui permettre de se sublimer.

L'apport de l'expérience personnelle et professionnelle

S'il n'est évidemment pas nécessaire d'avoir été confronté lui-même à toutes les situations qu'il doit expliquer, l'avocat doit néanmoins être capable d'appréhender les ressorts humains.

Pour cela, rien ne remplacera l'expérience que la vie procure. Le juge devrait d'ailleurs la posséder de plus fort. Aussi, les systèmes judiciaires étrangers qui imposent d'avoir exercé en tant qu'avocat pendant des années avant de devenir magistrat me paraissent inspirés d'une philosophie intéressante. Il m'est arrivé d'invoquer un cas de légitime défense pour un client poursuivi pour s'être battu avec un autre automobiliste qui l'avait préalablement pris en chasse, menacé, injurié, suite à un banal différend routier. Nous nous trouvions face à un juge sans doute jamais confronté à une agression au volant qui ne cessait de lui objecter qu'il fallait faire appel aux services de police... J'observais là un décalage total entre la violence de certaines agressions, qui ne laissent d'autres choix que ceux de se défendre ou de se laisser rouer de coups, et les préconisations d'un magistrat déconnecté de ce que peut être une réalité, à laquelle nous n'avons certes pas envie d'être confrontés, mais que nous ne pouvons nier.

Chaque dossier étudié, chaque situation rencontrée, renforce l'expérience et développe les perspectives d'argumentation. Si cela permet de mieux cerner le mécanisme du passage à l'acte, cette expérience est encore plus essentielle sur le plan de la technique. L'avocat doit être vecteur de plus-value à cet égard. Un dossier doit être l'occasion pour l'avocat d'approcher au plus près de ce qui s'est produit. Bien sûr la connaissance factuelle lui est donnée par le récit qu'en fait chaque acte de procédure. Mais l'avocat a le devoir de compléter cette base d'informations par un investissement personnel au service de son client pour assimiler les spécificités de chaque situation afin de mieux les expliciter au juge qui n'aura pu accomplir ce travail supplémentaire.

J'ai souvenir d'avoir défendu un expert-comptable – commissaire aux comptes (inscrit à la fois en France et aux États-Unis) – auquel on reprochait (à tort, a définitivement jugé une cour d'appel) un exercice professionnel dévoyé. Les actes querellés avaient, pour l'essentiel, été commis aux États-Unis. Les magistrats de première instance (qui l'avaient pour leur part condamné) n'avaient pas appréhendé les spécificités des règles d'exercice en vigueur dans l'État concerné. Et ainsi, ce qui apparaissait suspect au regard de notre législation nationale concernant les actes professionnels en cause ne l'était aucunement quant à la réglementation réellement applicable et à laquelle il s'était scrupuleusement conformé. Les juges qui avaient instruit ce dossier ne s'étaient aucunement intéressés à cet aspect, pourtant fondamental, des choses. Si la défense s'en était tenue à l'analyse restreinte de la procédure, elle aurait été défaillante. Mais une analyse supplémentaire (certes facilitée par les connaissances techniques du client) a permis de contredire une vision accusatoire fondée sur des bases erronées.

De manière générale, et sans que l'avocat français se transforme en enquêteur zélé de séries télévisées américaines, chaque dossier doit être l'occasion d'un enrichissement particulier sur le terrain de la connaissance.

S'agira-t-il de faits de blessures ou d'homicides involontaires dans le domaine professionnel qu'il conviendra d'assimiler l'activité en cause pour mieux en expliquer le fonctionnement et peut-être déjouer le reproche formulé au titre d'une prétendue négligence. Cela passera par un questionnement précis du client, l'analyse de ses *process*, la recherche des normes applicables, l'étude de la législation (et du contexte dans lequel elle est intervenue pour expliquer la volonté du législateur), tant d'éléments que l'avocat doit posséder pour les répercuter au juge, alimenter sa réflexion et, ainsi, plus aisément le convaincre.

La prise en compte de l'actualité, des enjeux sociétaux est également indispensable. L'avocat, empreint d'une soif de curiosité qui ne sera jamais étanchée, doit s'intéresser au monde qui l'entoure, être conscient des débats qui opposent et qui, parfois, fracturent. Il m'est arrivé d'assister à la plaidoirie d'un confrère dans un important dossier de stupéfiants devant une chambre spécialisée (dont l'activité quotidienne était la répression – plutôt sévère d'ailleurs – de ce type d'infractions) et qui, afin d'obtenir l'indulgence de ses juges, se contentait d'indiquer qu'il ne s'agissait après tout que de résine de cannabis… À l'heure où la volonté affichée par les pouvoirs publics était celle de la lutte acharnée contre les réseaux de revente de produits stupéfiants dans les cités marseillaises, l'argument pouvait surprendre et fut jugé (compte tenu de la peine prononcée) manifestement un peu court…

Est-ce à dire que l'avocat ne pourrait pas se révolter face à une législation qu'il considérerait comme dépassée ou injuste ? Il a, au contraire, le devoir de dénoncer des lois qu'il estime inadéquates, mais doit le faire en ayant conscience que son interlocuteur ne fait pas de politique, et applique la loi... Cela supposera de l'habileté et de la nuance, et pourra, pourquoi pas, permettre une évolution de la législation applicable.

Un confrère marseillais n'a-t-il pas, à force de recours en tout genre, permis l'évolution de la réglementation relative au commerce du CBD ? Nul doute qu'il lui aura fallu maîtriser toutes les législations en vigueur dans les États européens, mais également connaître la composition des produits et leur teneur en THC, autant de données à assimiler.

L'avocat est-il alors un « supersachant », expert en tous les domaines ? N'est-il pas présomptueux de le soutenir ? Il ne peut avoir cette compétence absolue en toutes matières mais doit néanmoins posséder la connaissance technique afin d'être en mesure de discuter du sérieux ou du caractère probant de chaque élément qui compose un dossier pénal. Il doit maîtriser les notions essentielles lui permettant de commenter un rapport d'expertise psychiatrique ou psychologique, il lui sera nécessaire de s'intéresser aux questions scientifiques en matière de traces papillaires, d'ADN, de balistiques... Afin d'emmagasiner tout ce savoir, l'expérience que les années d'exercice procurent sera un atout considérable.

Mais il ne faut pas non plus mésestimer l'apport d'autrui. Ainsi, bien que le milieu professionnel soit par définition concurrentiel, les avocats (ou bon nombre d'entre eux en tout cas) sont reliés par une forme de fraternité (ou confraternité, c'est selon...) qui les pousse à partager leurs connaissances. Il y a quelques années, alors que l'ADN était incontestablement considéré comme la reine des preuves, circulait entre pénalistes une étude réalisée par un laboratoire canadien, relative aux différentes hypothèses de transfert d'ADN, de contamination. L'un d'entre nous, et non des moindres, l'avait invoqué au cours d'un procès d'assises. Plutôt que de conserver jalousement ce trésor scientifique, il avait immédiatement offert de le circulariser afin que nous puissions tous, confrontés à une présence d'ADN, discuter ce qui était présenté comme une vérité incontournable. Et cela afin d'éviter que des erreurs judiciaires puissent être commises, comme si la défense d'un justiciable était en définitive l'affaire de tous...

Enfin, dans ce besoin d'alimenter sans cesse sa base de savoir, l'apport de la culture (générale celle-là) est immense.

Lorsque j'étais élève avocat, les intervenants chevronnés nous confiaient comme des trésors des livres qu'il fallait avoir lus : sitôt les cours achevés, nous nous ruions dans les librairies puis nous dévorions *Crainquebille* d'Anatole France (préconisation de M. le bâtonnier Sixte Ugolini) pour tout comprendre de l'injustice et de l'erreur judiciaire, *Souvenirs de la maison des morts* de Dostoïevski pour abhorrer le système carcéral et *Crime et châtiment* du même auteur (suggestion de celui qui fut mon maître et devint mon associé et ami Jean-Claude Valera) pour la complexité du passage à l'acte criminel.

Nous devons cultiver notre ouverture d'esprit, nous nourrir, nous enrichir, de chaque livre lu, de chaque film vu, de chaque musique écoutée, poème déclamé, expérience confiée, réaction observée, avoir notre curiosité sans cesse en éveil, nos sens en émoi... Tout cela, sans le vouloir (non dans une logique de profit), viendra nous renforcer, nous rendra plus performants, plus aptes, à entendre l'inaudible, à expliquer l'indicible...

Pour tout connaître (sans que jamais nous n'y parvenions), que de temps il faudra consacrer, que de travail il faudra fournir. Il est vrai que, lorsqu'on a la chance de ne pas exercer un métier, mais de se livrer à sa passion, c'est moins contraignant...

Propos libre sur la connaissance

par Jean Boudot

« Avant de parler, savoir ce qu'on veut dire ; avant de songer à exprimer des idées, commencer par en avoir ; pour l'avocat notamment, avant d'ouvrir la bouche en présence des juges, avoir étudié la cause sur laquelle il plaidera. D'où nécessité préalable de l'étude, étude générale des livres et des hommes, étude particulière du sujet qu'on se propose de traiter : dans un cas comme dans l'autre, nécessité de l'observation et de la réflexion. C'est ainsi que Cicéron est amené à reprendre les choses par la base. Son orateur n'abordera la tribune ou le barreau qu'après une préparation antérieure aussi vaste que possible [...]. Cicéron ne demande rien de plus ; mais, cela, il le demande avec force, il l'exige, il en fait le fondement indispensable de l'art oratoire[2]. »

Nous vivons depuis quelques années un temps de valorisation forte de l'éloquence grâce à des ouvrages, des films, des concours en tous genres, de très beaux projets du type Eloquentia[a]. Il ne s'agit aucunement de le critiquer ici, tant il est important sur un plan sociétal de valoriser notre langue et de promouvoir le goût de l'usage exact des mots. C'est la richesse du vocabulaire qui permet la précision de la pensée, puis sa juste expression, et l'affaiblissement de la langue conduit inéluctablement à d'autres affaissements, hautement préjudiciables à notre vie collective.

Mais il faut prendre garde à ne pas se tromper. « Avant de songer à exprimer des idées, commencer par en avoir » : c'est justement en voyant se multiplier les écoles de rhétorique que Cicéron s'emploie avec vigueur, dans *De oratore*, à lutter contre l'idée qu'une parfaite maîtrise des techniques argumentatives serait suffisante pour convaincre. Sauf à commettre l'erreur de sous-estimer l'intelligence de son interlocuteur, « bien dire » est vain si l'on n'a rien à dire. Un bon usage de la rhétorique est incontestablement de nature à renforcer le poids des arguments, jamais de nature à se substituer à leur absence.

---

a. Eloquentia est un programme éducatif d'intérêt général ayant pour objectif de permettre à notre jeunesse, tout particulièrement à celle qui serait en la matière la moins favorisée, d'acquérir des compétences en ce qui concerne la prise de parole, ainsi qu'une meilleure confiance en elle, afin notamment d'assurer une meilleure égalité des chances.

« Le savoir, c'est le pouvoir », écrivait Thomas Hobbes dans son *Léviathan*. C'est, à tout le moins, un atout considérable dans le débat judiciaire, susceptible parfois d'en modifier le cours. La connaissance est donc, avec la capacité d'analyse critique, l'outil le plus indispensable au travail de défendre. Et le bâtonnier Giletta a parfaitement raison de souligner que ce travail ne peut se limiter à une connaissance commune de la loi et à une étude du dossier qu'il s'agit de plaider. « L'avocat doit être vecteur de plus-value à cet égard [et] a le devoir de compléter cette base d'information par un investissement personnel », quitte à devoir sortir de sa zone de confort pour assimiler des connaissances dans des domaines qui lui sont inconnus. Nous accompagnons des victimes de violences sexuelles ? Nous lisons des travaux de neuropsychiatres et de neurobiologistes pour comprendre et être capables d'expliquer les mécanismes de la mémoire traumatique. Nous sommes confrontés au crash d'un avion de chasse ? Nous étudions des thèses sur les mécanismes cognitifs d'un pilote en situation de crise. Nous ferons de la mécanique, de la chimie, de la médecine au gré des dossiers d'accidentologie ou de santé publique que nous rencontrerons.

Bien sûr, ce travail prend du temps. Mais nous devons être conscients que ce temps est justement l'un des rares avantages que nous avons sur les magistrats, contraints par un manque endémique – et tragique – de moyens. Ce temps de travail, nous sommes au surplus capables de l'étendre, lorsque nous avons la chance d'avoir pu structurer nos cabinets, grâce à nos si précieuses équipes, sans lesquelles nous serions peu de chose.

CHAPITRE 9

Les mots

par Frédéric Doyez

Les mots expriment la pensée ! Sans eux, c'est le silence ou la page blanche. Une défense sans mots reviendrait à déléguer au juge, sans préalable débat contradictoire, le soin d'apporter une réponse à l'affaire dont il est saisi. On ne plaide jamais comme on écrit et on ne plaide pas toujours ce que l'on écrit.

Celui qui prétendrait n'avoir jamais rien rédigé mais uniquement plaidé mentirait. L'écrit est une trace qui non seulement externalise la pensée, mais qui la rend accessible aux autres. C'est la forme nécessaire quand il s'agit d'échanger avec la personne que l'on défend au travers de courriers qu'on lui adresse. Le choix des mots se fait alors dans un registre lexical directement en lien avec l'information que l'on veut communiquer. Il ne faut pas perdre de vue que l'écrit engage la responsabilité du rédacteur ; une formulation maladroite peut devenir pour un adversaire une arme tout à fait redoutable : c'est par écrit qu'on échange avec les parties à la procédure et les juges.

Écrire à un adversaire : « J'aurai le plaisir d'être votre contradicteur... », cela relève-t-il de la sincérité, d'une formule de style ou de l'indication suggérant qu'on n'a pas peur ?

Écrire à un magistrat : « À l'audience, je soulèverai votre incompétence » est une formulation qui pourrait être remplacée par : « Je soulèverai l'incompétence de la juridiction à l'audience. » Si les deux formules sont envisageables, la première pourrait masquer une insolence que la seconde exclut du fait qu'elle ne peut comporter aucune équivoque sur le sens à retenir.

Les courriers doivent être précis, concis, clairs car ils sont le support nécessaire des informations que l'on veut apporter et des questions que l'on veut poser. Les courriers d'avocat sont par nature confidentiels, limitant ainsi le risque d'en voir reproduire certains passages. La prudence doit toutefois être extrême dans les choix faits quand on communique telle ou telle information à un adversaire.

La rédaction des écritures est un exercice de précision. Les conclusions comportent un exposé des faits et la façon dont on entend voir appliquer la règle de droit. L'objectif est que ces conclusions se présentent comme la proposition de rédaction du futur jugement qui emporterait l'adhésion du juge, convaincu par ce qui est écrit ; il adopterait, voire en les reproduisant, les arguments développés. Il faut, de ce fait, être clair, précis, concret, percutant et choisir des mots pris dans un registre lexical qui ne relève que du droit. Les phrases doivent être dégraissées de leurs adjectifs, et les répétitions doivent être évitées, sauf s'il s'agit d'allitérations destinées à souligner et à mettre en évidence ce qui est essentiel. On relit un texte pour le corriger et l'améliorer. On dispose ainsi de la possibilité de passer par des ébauches avant de transmettre son travail qui deviendra une pièce de procédure.

La plaidoirie est un exercice différent. On ne peut corriger ce qui a été dit, et, s'il arrive de regretter des mots prononcés, la correction porte atteinte à l'intégrité du propos. En cherchant une image avec d'autres modes d'expression, on pourrait suggérer que l'écrit est à la peinture ce que l'oralité est à la sculpture au sens où un peintre qui a mal choisi une couleur, ou qui a mal peint un détail, dispose toujours de la possibilité de repeindre ce dont il n'est pas satisfait. Effacer, corriger, on parle alors de « repentir », et ceux qui regarderont le tableau ne se douteront pas que ce qu'ils contemplent a pu être autrement.

Le sculpteur qui, par maladresse, détériore, sous la violence d'un coup, un morceau de sa sculpture ne pourra pas réparer. Il pourra certes tricher avec les apparences, ajouter de la matière là où elle a disparu, mais le support conservera la marque de son erreur. De la même façon, une plaidoirie pourra être « abîmée » par un choix malencontreux de mots, prononcés sans une véritable et préalable préparation. L'improvisation est une facilité, parfois d'ailleurs agréable à entendre, mais les plaidoiries qui s'écoutent comme étant des plus fluides, presque naturellement prononcées, sont souvent issues d'un travail préalable où tout a été raisonné, calculé et préparé.

Plaider, c'est restituer ce qui est une composition, un travail porteur d'un message que l'on veut transmettre ; le choix des mots procède tout à la fois de l'idée que l'on se fait de ceux qui écoutent que de la forme que l'on veut donner à son propos. Éviter les mots de plus de trois syllabes, choisir ceux qui relèvent d'un registre accessible à tous et faire que le silence qui s'installera, quand on se sera tu, procède d'une forme d'infusion de l'argument. Parler de composition, c'est renvoyer à ce qu'il peut y avoir d'intime de la part du compositeur avec ce qu'il veut transmettre. Les mots ne prendront de valeur que dans la mesure où la ponctuation, la respiration, les pauses et les silences les soulignent.

Une procédure nous renseigne sur le fait que la victime d'un meurtre a mis trois minutes avant de mourir dans des souffrances extrêmes ; trois minutes de silence pour évoquer l'horreur seront plus parlantes que toute formulation pour l'évoquer.

La façon dont on nomme les auteurs ou les victimes d'un drame peut permettre de créer une proximité ; l'usage du patronyme cède parfois la place à l'usage du prénom. Ce glissement crée alors un rapprochement entre le monde de celui qui juge et celui des personnes concernées par le procès. Ne faut-il pas nécessairement que les mots choisis créent une forme de communauté d'humanité entre ceux qui sont dans le box, ceux qui sont sur le banc des parties civiles et ceux qui, représentant la société, auront à apporter une réponse au drame dont ils sont saisis ? À l'inverse, on peut vouloir maintenir une distance en ponctuant des mots qui ne seront jamais partagés.

Une plaidoirie, c'est un « corps certain » et non une « chose de genre », pour reprendre des expressions qui figurent dans les ouvrages de droit civil. La seule contrainte qui s'impose à nous étant de ne rien éluder du dossier. Pour cela nous allons construire avec des mots notre propos qui, idéalement, aura vocation à convaincre ceux qui l'entendant le partageront, le valideront et jugeront. Nous sommes un peu comme ces cuisiniers qui tentent avec des ingrédients qu'ils n'ont pas choisi de réaliser un bon repas.

La plaidoirie doit être « belle et bonne ». Et ce n'est que sous ces deux conditions qu'elle deviendra utile. Il ne faut pas, par cette comparaison, imaginer qu'elle doit être calme, apaisée ou faite de connivence. Il peut y avoir dans le cri autant de profondeur que de violence dans un murmure.

Ce qui, selon moi, lie la forme et le fond, c'est le choix des mots, mais, au-delà de ce choix, c'est la façon dont on les assemble et surtout l'instant où on les prononce. Le silence, la respiration, le rythme sont autant de moyens pour mettre en relief le fond d'un discours. Les mots sont un matériau bien plus solide et surtout plus durable que la pierre. Ils sont le vecteur de la connaissance et l'outil de la conviction.

Il faut être compris par ceux à qui l'on parle. Une difficulté particulière existe devant la cour d'assises car on s'adresse à une assemblée composée d'individus qui ne disposent pas tous du même vocabulaire et qui peuvent se trouver perdus dans une construction intellectuelle trop soutenue. Être accessible, entendu par tous et ne pas hésiter à reformuler de façon plus simple ce qui avait été précédemment soutenu avec des termes plus compliqués. Il ne faut laisser personne et surtout aucun juge sur la touche. Il faut vouloir être entendu par tous. Regarder les juges, c'est leur faire sentir qu'ils sont la cible sur laquelle on plante nos mots.

Le mot est l'outil de l'avocat. Il en choisit un plutôt qu'un autre, toujours dans un esprit de construction du discours.

Il y a des mots courts, des mots longs, des gros mots, des bons mots, et ils portent tous un sens. Ils en portent même parfois plusieurs mais encore ils peuvent être source de contresens. Le choix du mot permettra de décrire au mieux ce qui doit être connu ou analysé. C'est l'adaptation au mot qui fait la qualité de l'avocat, et son choix est déterminant. En fin de compte, ce seront les mêmes mots qui auront servi pour accuser, pour défendre et pour condamner puisqu'ils permettent de traduire judiciairement ce qui existe factuellement. Examinons-en certains, non particulièrement parce qu'ils seront prononcés devant une juridiction, mais parce qu'ils sont une préoccupation permanente pour celui dont le métier est de défendre.

Récusé !

Il peut être l'un des premiers mots prononcés devant une cour d'assises, un qualificatif interjeté, sans motivation et peut-être parfois même sans raison. Pour le seul bénéfice qu'en l'ayant prononcé le hasard d'un tirage au sort soit contredit. Y a-t-il de bonnes récusations ? On ne le saura jamais : trop jeune, trop vieux, trop genré, expression d'un pouvoir que l'on exerce pour convaincre ceux que l'on n'a pas récusés, qu'ils ont été choisis... A-t-on bien récusé ? Ou aurait-on dû le faire ? La polémique nous poursuit surtout quand le résultat de l'audience est décevant ! Il n'y a pas de règle en la matière, que du hasard.

J'ai ainsi le souvenir d'une avocate défendant une dame qui avait tué son mari. Elle récusa systématiquement tous les hommes jusqu'à épuisement de ses droits. Alors le ministère public continua sur la même lancée, récusant lui aussi tous les hommes. Le jury se trouva ainsi uniquement composé de femmes, et le verdict fut des plus sévères pour l'accusée. Il n'y a pas de recette miracle, à vouloir dominer le hasard, on en crée un nouveau qui ne va pas forcément dans le sens de ce que l'on aurait souhaité.

La récusation est, semble-t-il, mal vécue par celle ou celui qui la subit. Il est prudent, en fin de session d'assises, d'user de ce droit avec modération. Les jurés, qui ont passé du temps ensemble, forment un groupe, et être récusé peut-être perçu comme une atteinte à ce groupe et peut susciter une certaine forme d'animosité à l'égard de celui ou de celle qui pourtant n'a fait qu'exercer un droit.

Les mots malheureux

On essaie, dans la mesure du possible, de ne pas « gaffer » et de ne pas se fourvoyer en utilisant des formules qui pourraient nuire aux intérêts de ceux que l'on défend. Parfois, ce sont les accusés ou les prévenus qui, eux-mêmes, viennent ruiner tous les efforts déployés par l'avocat.

Une dame comparaissait devant la cour d'assises pour avoir été l'instigatrice de l'assassinat de son mari. Tout était parti d'un rendez-vous qu'elle avait pris avec son notaire à l'occasion duquel elle l'avait questionné sur les conséquences financières de la procédure de divorce qu'elle souhaitait engager. Ce que le notaire lui répondit dut être fort décevant car elle comprit que, financièrement, le statut de femme divorcée serait bien moins enviable que celui de veuve.

À partir de cet instant, elle commença à se plaindre auprès de ses enfants. Leur avoua que toute sa vie elle avait été une femme battue mais qu'elle s'était toujours tue et de façon récurrente, alors que son apparence déclinait elle ne cessa de leur répéter : « Ce sera lui ou moi ! » La souffrance et la peur qu'elle communiqua à ses enfants les firent adhérer à l'évidence qu'il fallait que le beau-père disparaisse. Un tueur à gages fut trouvé, le projet de meurtre s'élabora, et une date fut fixée pour ce qui était une « exécution ». La future veuve prit cependant la précaution de se mettre à l'abri d'éventuels soupçons, elle se forgea un alibi et partit en vacances au Portugal. Elle exigea que, par un simple coup de fil, elle fût informée de la mort de son mari. Cette impatience fut une erreur car l'appel téléphonique fut retracé et constitua une charge justifiant son renvoi devant la cour d'assises.

À l'audience fut citée comme témoin la logeuse portugaise qui l'avait hébergée pendant les vacances. Celle-ci expliqua qu'à 9 heures du matin, à une date qu'elle rappela avec précision, alors que sa cliente prenait son petit déjeuner, le téléphone sonna. Elle décrocha et lui passa la communication. Au terme d'un appel qui dura cinq secondes, sa cliente leva les deux bras au ciel en signe de victoire et cria : « Champagne ! »

Le président, après l'audition de ce témoin, interrogea l'accusée et lui demanda : « C'était quoi ce coup de fil, madame ? » Après une bonne minute d'hésitation, la tête tournant dans tous les sens pour tenter de trouver une inspiration favorable, elle répondit au président : « Une erreur ? » Le ton interrogatif de la réponse renseigna tout à la fois sur son absence d'esprit de suite mais également sur son absence d'empathie concernant les faits qui lui étaient reprochés. Rien dans la plaidoirie qui s'ensuivit, ni la contestation, ni l'émotion, ni l'éloquence, ne permit d'empêcher une condamnation sévère.

La réalité

La réalité n'est pas la vérité. La vérité est une consécration judiciaire de ce que l'on peut ou non connaître de la réalité. La vérité est une création dans l'hypothèse où la connaissance de ce qui s'est passé réellement est inaccessible, c'est la loi qui dicte la réponse à apporter : le doute profite à l'accusé et ce du fait de la présomption d'innocence qui est un état. Une condamnation ne peut se fonder que sur une certitude, c'est ainsi que les choses devraient se dérouler.

Certaines infractions à l'instant de leur jugement supposent qu'on puisse précisément retracer ce qui s'est réellement passé entre l'auteur supposé et sa victime. Parfois, il n'y a pas de témoins, pas d'éléments objectifs, le crime ou le délit se déroulent à « huis clos ». Dans ces circonstances il n'y a que des paroles qui s'opposent et se confrontent. Comment choisir entre ces paroles opposées ? Les expertises psychologiques et psychiatriques qui renseignent sur la personnalité de chacun ne peuvent servir à fonder une décision de culpabilité. Ce sera donc au travers de la valeur que l'on attache à la parole de chacun que se dégagera une certitude sur la commission ou sur l'absence de commission de l'infraction.

Mais où rechercher la réalité ? Par quels moyens peut-on la connaître ? Les mots seront alors déterminants car ce sont eux qui seront les vecteurs de la connaissance permettant de savoir si une infraction a été commise. Un homme accusé de viol comparaissait devant la cour d'assises. Il entretenait depuis plusieurs mois avec une collègue de travail une relation sexuelle sur fond de scénarios divers dans lesquels la surprise et la contrainte tenaient lieu de piment. Mais un jour la jeune femme déposa plainte. Elle indiqua qu'elle avait été violée. Le collègue de travail fut entendu, il reconnut l'existence d'une relation sexuelle et, à la question : « Était-elle consentante ? », il répondit : « Oui ! Elle a dit non comme d'habitude. »

La victime ne contesta d'ailleurs jamais le fait qu'à l'occasion de précédentes relations un simulacre de relations non consenties ait été accepté par elle-même. Mais elle expliqua que, ce jour-là, le « non » qu'elle avait prononcé voulait vraiment ne dire que non ! Dans un contexte comme celui-là, il doit être difficile de juger puisque le même mot sera tout à la fois analysé par l'accusation comme étant le support d'unc culpabilité et par la défense comme le support de l'incompréhension, synonyme d'innocence.

L'avocat n'a pas pour mission de rechercher la vérité. C'est la critique que l'on porte sur ce que l'on s'apprête à dire qui permet d'anticiper les arguments qui pourraient nous être opposés. Souvent, ceux que l'on assiste nous demandent : « Me croyez-vous ? » À cette question, on peut répondre que notre mission est d'amener ceux qui auront à les juger à les croire. Cette distance que nous gardons à l'égard de la réalité nous vaut de la part du grand public un jugement un peu méprisant.

Combien sont ceux qui imaginent que notre métier consiste à exprimer des sentiments que nous n'éprouvons pas et que notre rémunération nous tient lieu de conviction ? Peu importe, il est impératif que nous conservions une distance pour ne pas risquer d'être inefficace. Si nous nous calquions sur les positions de celui que l'on défend, nous pourrions être aussi fragile qu'il l'est lui-même, ou alors nous perdrions pied et basculerions dans l'usage de moyens de défense que la loi condamne et que la déontologie sanctionne.

Comparaissaient trois mineurs devant la cour d'assises pour vol avec armes. L'un d'eux, en plus de cette qualification, était accusé de viol. Ils avaient repéré une maison d'habitation dans la cour de laquelle se trouvait une voiture de prix et ils s'étaient décidés à la voler. Ils avaient sonné à la porte de la maison pour s'assurer que personne ne s'y trouvât, étaient repartis garer leur véhicule un peu plus loin mais avaient mis du temps pour le faire et, à leur retour, alors qu'ils pénétraient dans l'habitation, ils tombèrent nez à nez avec la propriétaire qui était rentrée entre-temps. Elle fut conduite dans la cave sous la surveillance du plus jeune des trois voleurs, et ce dernier la viola. Elle avait 50 ans, il en avait 16 et pendant toute l'instruction il nia les faits.

La souffrance exprimée par cette femme était poignante, et, à l'instant de l'audience devant la cour d'assises, il fut évident que ce garçon n'arrivait pas à reconnaître ce qui lui était reproché du fait de la présence de ses collègues auxquels il n'osait avouer ce qu'il avait fait. La présidente de la cour décida de l'interroger hors la présence de ses acolytes, mais, plus on le questionnait, plus il niait, et la victime était dévastée par cette contestation qui lui était insupportable.

À la reprise d'audience le lendemain matin, l'accusé demanda spontanément à prendre la parole. Les yeux cernés, la voix blanche, il déroula sur un ton monocorde le récit de la reconnaissance de son crime, puis se tut et pleura. Sa victime balbutiante et en pleurs, elle aussi, se leva en répétant les mots « merci, merci » puis se tut.

Cet aveu et la réponse à cet aveu furent l'instant de justice de ce procès. Rien, en termes de défense, n'aurait pu le provoquer, ni la volonté de l'avocat ni la pertinence des arguments du parquet. La réalité avait été dite, elle devenait une vérité, et c'est sous cette forme qu'elle s'affirma au moment du verdict.

Quand une décision devient définitive, elle ne peut, sous réserve d'une procédure de révision, être remise en cause. C'est ainsi que devrait être perçue une réponse judiciaire : une réponse définitive ! Condamner un innocent, acquitter un coupable, sans recours possible, c'est bien insupportable ! Mais l'acquittement de Villain, l'assassin de Jean Jaurès, est-ce une erreur ? N'est-ce pas plutôt une déclaration par laquelle, en refusant de condamner, la cour d'assises, c'est-à-dire le peuple français, se déclare impuissante face à un tel crime ? On est tenté d'ajouter : « Et ce fut la guerre ! » Et si ce que l'on tenait pour une erreur n'était que la révélation des limites de l'institution judiciaire, l'aveu de ce qu'elle n'a pas le monopole ni l'exclusivité de la réponse au crime...

Les commentaires relatifs aux décisions de justice ne vont pas toujours dans ce sens. On a même parfois le sentiment que l'idée de l'existence d'une erreur judiciaire qui aurait été commise excite l'imagination du public. Il n'y a pas en matière de procédure judiciaire, ni ailleurs, de vérité alternative : c'est au juge à fixer, dans sa décision, ce qui est vrai pour l'institution judiciaire et, le cas échéant, à admettre que son jugement soit critiquable en cas de survenance d'éléments nouveaux dont la prise en compte aurait pu conduire à une réponse différente. Les émissions de télé qui refont les procès, les livres, les films, qui sont consacrés à l'anticipation d'un procès à venir sont navrants et critiquables. Y a-t-il véritablement un apport dans le fait de faire douter, d'anticiper, de condamner avant un procès et de parler « de présumé coupable ». La réponse est non ! La justice me semble devoir disposer du monopole de la réponse qui doit être apportée à une infraction, et ce n'est ni le cinéma, ni la littérature, ni le reportage qui pourront se substituer à une réponse judiciaire faite d'une rencontre entre un individu et la loi.

Abolition

Le mot « folie » n'a pas trouvé de place dans le Code pénal (fort heureusement !), mais le mot « abolition » désigne une cause d'irresponsabilité pénale. Il ne s'agit pas, en utilisant ce mot, d'évoquer l'abolition telle que l'entendaient Hugo ou Badinter concernant la peine de mort, mais d'une référence aux dispositions de l'article 122-1-1 du Code pénal qui prévoit que l'abolition du discernement ou du contrôle de ses actes entraîne l'irresponsabilité pénale. Le diagnostic de l'abolition relève de la médecine. C'est une affaire d'expert, et la loi prévoit qu'on ne punit pas un malade mais qu'on le soigne. Quand l'abolition est retenue, il n'y a pas de sanction mais des mesures qui seront mises en œuvre pour s'assurer du suivi médical de la personne de l'auteur et ce de façon contrainte.

Pour les victimes mais également pour le public, l'irresponsabilité pénale est parfois perçue comme un moyen de défense, et parfois même elle est prise pour une posture adoptée par l'accusé pour échapper à une sanction. Même si les avis d'expert sont parfois déroutants et divergent concernant la même personne, l'irresponsabilité pénale n'est pas le fait de l'avocat, elle ne se prépare pas par lui, « plaider la folie » selon l'expression qui est reprise par les non-initiés n'est finalement que demander à ce que soit constatée une situation de fait : la maladie, avec des perspectives qui peuvent se révéler plus inquiétantes pour l'avenir de la personne que ne l'aurait été l'exécution d'une peine.

Une jeune femme avait tué sa fille de plus de trois cents coups de couteau. Elle fut déclarée irresponsable par plusieurs collèges d'experts, mais le père de l'enfant, au-delà de son immense douleur, n'accepta pas ce constat et prétendit qu'il s'agissait d'une feinte. Il médiatisa sa douleur, s'insurgea contre ce constat et surtout contre la décision de la chambre de l'instruction prononçant l'irresponsabilité pénale. La jeune femme fut hospitalisée sous contrainte dans une unité pour malades difficiles (UMD) et se retrouva aux prises avec certains soignants mais surtout avec des pensionnaires de l'établissement qui, avisés des faits pour lesquels elle se trouvait là, la frappèrent, l'insultèrent et la plongèrent dans un climat de terreur. Une autre forme de défense débuta pour son avocat puisque la justice avait épuisé sa compétence, mais des recours existent pour protéger un malade en situation d'internement. Le juge des libertés fut saisi, l'administration de l'établissement, avisée, le défenseur des droits, alerté, et elle put être soignée.

Il y a des mots qu'on ne peut laisser prononcer sans contestation. Le mot « monstre » en fait partie, et jamais je n'ai laissé sans réagir, parfois même violemment, quiconque le prononcer. Les circonstances d'un crime peuvent être monstrueuses, et ce seront les mots que nous utiliserons qui nous permettront, tout à la fois, de parler mais aussi de comprendre ce que l'on se représente avec effroi. Les mots sont ce pont entre l'émotion et la connaissance, entre l'acte monstrueux et l'auteur de l'acte, qui en tant qu'homme doit être connu comme tel par ceux qui le jugeront. C'est le choix qui en sera fait qui permettra de créer une distance entre l'homme et son acte, et donc de le juger comme son égal.

Des mots pour qui ?

Bien sûr, c'est au juge que l'on s'adresse, et j'entends par ce terme tous ceux qui ont un pouvoir de décision pour se prononcer sur la culpabilité ou pour fixer une peine.

Les mots doivent être dits, et leur lecture altère parfois la sincérité d'un discours. Il faut raconter, il faut analyser mais surtout se détacher de ses notes et faire en sorte que l'attention de l'auditoire soit soutenue et continue. Quand on constate que l'attention s'altère, il faut la réveiller et souvent il faut savoir conclure ! Certaines voix sont belles car leur timbre charme, mais cela ne fait pas tout.

Un confrère qui avait une voix magnifique magnétisait son auditoire quand il parlait. Mais l'extrême richesse de son vocabulaire et la complexité du contenu de sa pensée rendaient ses propos difficiles à comprendre. Une présidente de cour d'assises avait dit de lui, non sans malice : « La musique est toujours très jolie mais on ne comprend jamais les paroles... » J'imagine aisément que de tels propos, sous forme de boutade, prononcés devant des jurés pendant le temps du délibéré ont dû ruiner tout le contenu de ce qui avait pu être dit, comme si la beauté d'une voix pouvait combler l'absence de pertinence d'un propos.

Il peut arriver que le résultat soit décevant surtout quand les réquisitions sont dépassées et que, cependant, celui que l'on a défendu ne soit pas mécontent. Un jeune homme ainsi, qui s'était transformé en tueur à gages alors qu'il n'avait que 20 ans, me dit, après que la sentence eut été prononcée, dans ce moment où on est envahi par l'émotion d'une réponse judiciaire : « J'ai 20 ans et jamais auparavant on n'avait parlé aussi longuement de moi. » Je fis le constat qu'au moins pour lui j'avais été utile !

Finir

Il faut savoir faire une fin. Qu'à l'instant de se taire on estime n'avoir rien oublié. C'est une responsabilité énorme que de décider de se taire et de penser : « L'embarquement est clos. » Il y a différents degrés de pertinence à ce que l'on peut raconter : ce que l'on ne doit pas oublier, ce qui n'est peut-être qu'un accessoire que l'on avait estimé nécessaire dans un instant mais qui finalement n'a pas été rappelé. Il y a également l'essentiel, ce que l'on doit ponctuer sous toutes les formes en se disant que, s'il n'y avait une seule chose à retenir, ce serait celle-là.

J'ai connu, à mes débuts, un avocat que j'allais écouter aux assises et qui de façon peu originale et sans grand effort terminait sa plaidoirie en disant : « Comme le disait le poète, la jeunesse est à l'homme ce que l'aube est au jour, et il est si bon de s'endormir sur un sourire de pardon. »

Peut-être que le poète dont jamais il ne cita le nom n'existait pas, ou que c'était lui, mais cette façon d'achever son intervention m'exaspérait. Je dois cependant reconnaître que j'ai vu parfois des jurés et des juges (sûrement pour des raisons différentes) écouter cette « petite musique » avec un sourire qui semblait éclairé par la confiance. N'est-ce pas, *in fine*, l'espoir d'apaiser une victime, l'espoir d'expliquer les actes d'un accusé, l'espoir qu'il change ou que son innocence soit reconnue, qui nous conduisent à choisir les mots qui touchent le plus et qui ne sont pas nécessairement ceux que l'on préfère ?

Propos libre sur les mots

par Christophe Bass

En nous emportant, avec ces quelques pages, dans un voyage extraordinaire, Frédéric Doyez nous conduit à appréhender les mots dans leurs deux fonctions essentielles à notre métier : ils sont à la fois notre matière première et notre outil principal. Comme tout un chacun, nous nous exprimons par la plume ou par la voix avec des mots, mais il me plaît de rappeler que notre charge nous oblige : parce que nous sommes avocats, nous ne pouvons pas nous permettre de ne pas savoir exprimer une idée avec les mots les plus justes. Pas nous.

Il est assez simple en fait d'y parvenir, pour peu que l'on accepte l'idée qu'écrire ou parler demande beaucoup de travail.

Il faut d'abord connaître parfaitement notre champ lexical professionnel monosémique qui impose de ne pas confondre par exemple un accusé et un prévenu, l'assistance et la représentation, le permis de communiquer et le permis de visite, une irrégularité et une nullité, un jugement et un arrêt. Comme le médecin, l'ingénieur ou le physicien, nous utilisons en effet un registre lexical spécifique dans lequel les mots ont un sens précis qu'ils n'ont pas dans le langage commun, et il est une nécessité d'en avoir la maîtrise parfaite. Celui qui, prenant la parole ou la plume, désignerait les motifs d'un jugement en voulant parler de son dispositif signifierait immanquablement au juge, qui dispose du même bagage, le faible niveau de connaissance et de rigueur qui l'habite. Léger défaut pour un avocat !

Il faut ensuite étendre au maximum son champ lexical polysémique pour disposer d'une ressource riche dans laquelle piocher le mot juste, c'est-à-dire celui duquel va transpirer la nuance précise que l'on veut donner à son propos, tant il est vrai que deux mots, si proches en sens soient-ils, ne sont jamais totalement synonymes. C'est là un travail de tout instant qui consiste pour l'avocat à se plonger dès qu'il le peut dans des lectures variées, des plus grandes pages de notre littérature aux plus méconnues, et à faire bon usage d'un dictionnaire.

Une fois réalisé ce travail du choix des mots que nous sommes allés puiser dans le gisement des champs lexicaux les plus étendus, nous voilà avec notre panier empli de matière première.

C'est alors que le mot devient outil pour assembler, construire, ajuster, articuler… Nous touchons ici à la maîtrise du style, avec la nécessité d'user au mieux de la ponctuation, des marqueurs de liaison et de l'harmonie des sonorités. Le style, c'est cette façon d'effacer le travail pour qu'il ne se voie pas ; pour qu'à la fin il reste seulement la phrase épurée des traces de sa construction. Nous y passons des heures. Souvenons-nous de Céline, pour qui le style consistait à prendre les phrases en les sortant de leurs gonds. Il disait : « Ça donne beaucoup beaucoup de peine et c'est très très dur parce qu'il faut que ce soit fait très très finement, n'est-ce pas, et très délicatement [1]. »

C'est au prix de ce travail que l'avocat exerce son métier : écrire et parler pour convaincre avec les mots que ceux que l'on défend n'ont pas.

CHAPITRE 10

L'argument

par Céline Carru

> « Tout le monde, dans une certaine mesure, essaie de combattre et de soutenir une raison, de défendre et d'accuser[1]. »
>
> ARISTOTE.

L'argument ne fait l'objet d'aucune définition juridique – le Code de procédure pénale lui préférant la notion de moyen[2] comme motif destiné à fonder en droit et en fait une décision de justice – ni d'aucun enseignement. Commun à tous, en ce qu'il innerve toutes les relations sociales dès lors qu'il s'agit de convaincre, l'argument est en lien étroit avec la rhétorique définie comme « la faculté de considérer, pour chaque question, ce qui peut être propre à persuader[3] ». Du grec *apodeixis*, *apo* « devant », « sur », *deiknumi* « montrer », du latin *arguere*, « exposer, mettre devant pour montrer », l'argument est étymologiquement ce qui sert à faire briller, à mettre en avant une thèse. Ainsi défini comme toutes les formes de raisonnement, toutes les conceptions de l'esprit par lesquelles une partie se propose « de prouver une chose par une autre et de confirmer ce qui est douteux de ce qui ne l'est pas[4] », l'argument est ce qui va être exposé, étudié et débattu.

Judiciaire, l'argument revêt quatre caractéristiques : il est évolutif, en ce qu'il se fonde sur des éléments mouvants en fonction du stade procédural d'intervention ; il est controversable et doit donner lieu au choix d'un tiers, le juge ; il opère un raisonnement de vraisemblance et non de vérité, il vise enfin à convaincre un auditoire spécifique. Il est l'instrument privilégié dont va se saisir l'avocat pour convaincre, c'est-à-dire selon le triptyque rhétorique classique : prouver, plaire et émouvoir[a]. Il doit emporter deux convictions ; celle de l'avocat d'abord qui choisira selon son éthique personnelle s'il s'agit d'être « sincère[b] », ou de « bonne foi[c] », mais qui sera convaincu par sa propre démonstration[d] qu'il considérera comme crédible et vraisemblable pour la soumettre à l'épreuve du contradictoire ; celle du magistrat ensuite, l'argument étant le substrat qui doit lui permettre de dépasser le doute[e], et de motiver la solution qu'il embrasse en droit et en fait car : « Lorsqu'un juge adopte une solution c'est bien souvent que la décision inverse lui apparaît impossible à rédiger pas d'avantage[5]. »

L'heuristique du jugement, selon Paul Ricœur, est une dialectique entre l'argumentation – en tant que procédure déductive – et les

a. L'argument devant agir sur le *logos* (dimension rationnelle), l'*ethos* (dimension morale) et le *pathos* (dimension affective).

b. Robert Badinter : « Je ne crois pas en l'éloquence, je crois en la sincérité. [...] Je crois que ceux qui donnent à celui qui vous écoute l'envie de trancher en votre faveur c'est qu'il sent que vous pensez ce que vous dites. Et si c'est sérieux en termes d'arguments il vous donnera raison » (podcast France Culture, série « Robert Badinter, aux origines de son combat », épisode 5/15, 27 septembre 2021).

c. Maurice Garçon : « Ce que ne peut l'avocat sans agir illégitimement, c'est mettre les ressources de son art au service de ce qu'il sait injuste à l'aide d'arguments qui froissent sa confiance. C'est la créance personnelle qui l'accorde à celui qui l'écoute. La bonne foi est essentielle et conduit à un avis absolu mais pas nécessairement à une vérité absolue » (*Essai sur l'éloquence judiciaire*, Corrêa, 1941).

d. Thierry Lévy : « Il m'est arrivé maintes fois d'être convaincu d'une thèse à laquelle je n'avais pas réfléchi ou même que je croyais fausse simplement parce que la démonstration que j'avais construite emportait ma propre conviction » (*in* Jean-Denis Bredin, Thierry Lévy, *Convaincre. Dialogue sur l'éloquence*, Odile Jacob, 1997).

e. Selon le professeur Carbonnier, le jugement est « un doute qui décide » (*Sociologie juridique*, PUF, « Thémis », 1978, p. 194).

interprétations légales et narratives qui doivent être combinées dans le processus de décision. Il a pour finalités, une finalité courte « mettre fin au litige » et une finalité longue « restaurer la paix sociale[6] ».

C'est en intégrant ces impératifs de rigueur déductive, d'interprétations légales et narratives, et de philosophie judiciaire que l'avocat va inventer et disposer les arguments qu'il se propose de soutenir pour emporter la conviction. Avant la construction de sa trame argumentative, l'avocat recueillera les éléments d'information à sa disposition sur son auditoire, adaptera le choix des arguments à ce dernier en prenant en compte les enseignements de la psychologie cognitive.

Connaître son auditoire

> S'il n'est pas possible d'assimiler le procès au président de l'audience, il n'en reste pas moins qu'ils sont en correspondance étroite et la personnalité du président influe profondément sur son cours[7].

> Celui qui juge n'est jamais vierge de tout préjugé... le jugement judiciaire s'articule sur un jugement social préalable, le plus souvent inconscient. Plutôt que de nier ces déterminismes, la meilleure démarche consiste à en prendre conscience et à les nommer[8].

L'argumentation en tant qu'elle se doit d'être persuasive doit prendre en considération son auditoire, sa nature, son caractère et ses valeurs ainsi que le contexte dans lequel s'inscrit la présentation de ses arguments. À cette fin, l'avocat dispose des données procédurales (cour d'assises, cour d'assises spéciale, tribunal correctionnel statuant en matière collégiale ou à juge unique, juridiction d'application des peines) et processuelles (modalités de prise des décisions). Le choix des arguments à avancer et leur présentation sont influencés selon qu'il s'agit de plaider devant des magistrats professionnels ou des néophytes.

René Floriot relate ainsi qu'il intervenait devant une cour d'assises où, suivant les règles d'alors, les jurés délibéraient seuls sur la culpabilité. Son client avait bénéficié au cours d'un précédent dossier d'un arrêt d'acquittement rendu « par défaut[a] ». L'accusation utilisait cet antécédent pour étayer sa thèse, et maître Floriot au cours de sa plaidoirie d'insister sur cette décision martelant qu'elle avait été rendue par défaut. Son client fut condamné lourdement. Il apprendra par la suite qu'il devait la condamnation à cet acquittement « par défaut », notion que les jurés avaient comprise comme l'absence d'autres possibilités pour la juridiction en l'absence de l'accusé.

L'avocat précisera son analyse par des considérations propres à la juridiction devant laquelle il intervient, la spécialisation de ses interlocuteurs et donc de la technicité requise et attendue (chambres correctionnelles spécialisées ou généralistes), l'existence d'une jurisprudence établie sur le point objet de la cause, la charge habituelle des rôles d'audience, la mise en délibéré. La détermination de ces éléments – outre la spécificité de la cause – participera du choix d'établir des conclusions.

La 32e chambre correctionnelle du tribunal judiciaire de Paris a eu à juger la majorité des dossiers dits « de la taxe carbone ». Les procès se sont succédé pendant neuf ans à compter du mois de septembre 2012, figeant progressivement la jurisprudence et l'échelle des peines. Il nous a donc fallu, pour tenter d'infléchir les réquisitions, analyser chacun des jugements pour dégager les lignes directrices déterminant le quantum des peines en fonction des rôles de plusieurs dizaines de prévenus.

L'avocat pourra chercher également des données plus précises sur les magistrats attendus pour siéger à l'audience telles leurs fonctions antérieures et se nourrira – avec prudence et circonspection – des avis de ses confrères. Il aura en tête les enseignements de la psychologie

---

a. Se dit d'un jugement ou d'un arrêt rendu en l'absence du prévenu ou de l'accusé qui n'a pas comparu.

cognitive sur l'heuristique et les biais de jugement définis comme les facteurs d'influence, à la fois internes et externes à la personne qui juge dans la prise de décision. Selon ces théories largement consensuelles, les biais s'appuient sur une conception dualiste des mécaniques cognitives humaines. L'esprit humain fonctionne selon deux modes, un système automatique par lequel l'esprit traite l'information de façon spontanée, immédiate et sans contrôle ; un mode dit « système réflexif » par lequel l'esprit humain recourt à l'analyse et à la rationalité. Notre travail consiste à mobiliser le système réflexif.

Parmi les biais les plus prégnants, on distingue les variables organisationnelles (surcharge de travail, état des « stocks », charge de l'audience, premier biais de jugement selon 85 % des auditeurs de justice [9]), les variables individuelles (l'attrait du prévenu [a], les données sociodémographiques) et les variables contextuelles (telles que les opinions exprimées sur les affaires dans les médias). Il nous appartient de nous adapter à ces contraintes sans rien sacrifier à l'utilité.

Au terme d'une étude diligentée en 2015, le temps moyen consacré à un dossier en comparution immédiate à Marseille était de 29 minutes, dont 6 minutes de plaidoirie de la défense, 53 % des dossiers donnant lieu à une condamnation assortie d'un mandat de dépôt. Dans ces procédures d'abattage, nous devons donc – pour être efficaces – être techniquement irréprochables et résolument synthétiques [10].

Deux biais méritent plus spécifiquement notre attention. Le biais de confirmation consiste en une tendance, souvent inconsciente, à être plus favorable aux informations qui confirment une hypothèse

---

a. « Plus celui-ci est jugé attrayant et moins la sanction est sévère. Ce résultat se retrouve quel que soit le mode de "manipulation" de cette variable : que ce soit par l'attribution de traits de personnalité positifs (comme c'est le cas par exemple dans l'expérience de Kaplan & Kemmerick en 1974), par la désirabilité sociale des comportements, comme la réussite professionnelle (Landy & Aronson, 1969, 48), par la similarité des attitudes du prévenu ou de l'accusé avec celles des juges, favorisant un processus d'identification (Griffitt & Jackson, 1973, 49 ; Oberlé & Gosling, 2004, 50) ou encore par l'apparence physique » (Nathalie Przygodzki-Lionet, *Psychologie et justice. De l'enquête au jugement*, Dunod, 2012, chapitre 2, p. 75).

initiale, au détriment de celles qui la contredisent. L'effet d'ancrage [11] veut qu'un jugement soit fortement influencé par l'exposition préalable de celui qui juge à une valeur de référence, laquelle agit comme une « ancre » pour l'esprit humain et qui sera dans le cas qui nous occupe des réquisitions. L'existence de ces biais place la défense en situation d'infériorité vis-à-vis de l'accusation, qui est bien souvent à l'initiative des poursuites et qui arrimera l'esprit des juges en requérant une peine et une condamnation.

Forts de ces connaissances, nous utilisons tous les outils possibles permettant un « débiaisement ». Au stade de l'information judiciaire, l'avocat effectuera des observations écrites, au stade de l'audience il introduira par ses questions les arguments qu'il soutiendra. Par ailleurs, la psychologie sociale enseigne que l'augmentation de l'information disponible pour le magistrat tend à diminuer l'impact de ces biais de jugement. Aussi, au stade de la préparation, l'avocat cherchera les « arguments hors dossier », donnera de la consistance à la personnalité d'un prévenu ou d'un accusé seulement perçu à travers l'acte qui lui est reproché, ou réduit à ses antécédents judiciaires.

Les éléments contextuels sont fondamentaux, l'auditoire de l'avocat est pluriel, les juges et les médias, les derniers influençant les premiers. La diffusion d'un reportage relatif à un fait divers la veille du verdict tend à augmenter le quantum de peine prononcé, quand un reportage sur les erreurs judiciaires le fait chuter [12]. Que penser du film *Borgo* inspiré de l'enquête relative au double assassinat de l'aéroport de Bastia-Poretta dont les accusés devaient comparaître devant la cour d'assises des Bouches-du-Rhône quelques jours après sa sortie ? Comment en mesurer l'impact sur les jurés ?

Les magistrats professionnels ne sont pas exempts de l'influence de ces biais contextuels. Le traitement judiciaire des violences urbaines en Seine-Saint-Denis en 2005 illustre l'importance du contexte sur les procédures mises en œuvre d'une part – orientation vers la comparution immédiate – et sur le quantum des peines prononcées d'autre part. Ainsi, l'analyse des décisions montre que « les chambres correctionnelles du tribunal de grande instance de Bobigny ont fait preuve d'une très grande sévérité à l'encontre de ceux qui ont été reconnus coupables, lesquels ont le plus souvent été condamnés à des peines d'emprisonnement et ce, quels que soient la nature de l'infraction poursuivie ou les antécédents judiciaires des prévenus [13] ».

Une fois analysé son auditoire et déterminé le cadre de son intervention, l'avocat fera émerger à travers le dossier, en relation étroite avec son client, les arguments saillants et fixera ainsi la stratégie à adopter.

Inventio

L'étape liminaire indispensable à l'émergence de l'argument, c'est l'invention, c'est-à-dire une recherche exploratoire, inventive, humble, minutieuse. Elle implique de « ne rien accepter comme acquis qui n'ait été passé au crible de la critique [14] », de se départir de ses propres préjugés pour étudier avec objectivité et dresser l'inventaire des éléments figurant en procédure. C'est aux côtés du bâtonnier Mattei, de maître Philippe Vouland et de maître Pierre Bruno que j'ai compris que tout pouvait, que tout devait, être questionné. L'invention doit permettre de dégager la stratégie procédurale et de suivre l'une des positions traditionnelles suivantes : « Nier ce que l'on vous reproche, avouer les faits mais nier la portée qui leur est attribuée, enfin si l'on ne peut discuter sur le fait ou le nom à lui donner, alléguer pour notre défense que ce que nous avons fait est légitime et excusable[a]. »

---

a. « Les questions, comme nous venons de le dire, sont au nombre de trois : la question conjecturale, la question légale, et la question judiciaire. La question est conjecturale ; lorsque c'est sur le fait que porte la discussion ; [...] On la nomme légale, lorsque la contestation s'élève au sujet d'un écrit. Ici on distingue six cas différents ; c'est lorsqu'il s'agit : de la lettre et de l'esprit d'une loi, de la contradiction de deux lois entre elles, de l'ambiguïté des termes, de la définition, d'une question d'attribution, d'un

Au stade de l'audience, l'invention doit intégrer le cadre de la convocation en justice qui détermine les limites du champ d'investigation à travers les faits visés, leur(s) date(s), leur(s) lieu(x) et la qualification juridique envisagée. La recherche des arguments de fait est facilitée par la méthode des lieux définie comme les questions générales que l'avocat doit se poser pour extraire l'argument. Sans en faire l'exégèse, il s'agit en synthèse de répondre aux questions : « Quoi ? Qui ? Où ? Quand ? Pourquoi ? Comment ? » ; de distinguer ce qui est possible de ce qui est impossible, ce qui est existant de ce qui est inexistant. Elle doit permettre de faire la critique de la présentation factuelle d'un dossier par l'accusation, de délier les faits des conséquences qu'on veut leur faire porter.

Au terme d'un procès-verbal, il est ainsi relaté que le téléphone d'un mis en examen n'a pas d'activité sur la période de temps couvrant un vol avec arme. Le fait consiste en l'absence d'activité téléphonique : les enquêteurs en tirent la conséquence d'une probable implication de son titulaire dans les faits. Or l'étude de la facturation détaillée permet d'établir qu'il s'agit là du comportement habituel de la ligne, que cette dernière n'a pas d'activités plusieurs fois par jour, et qu'elle est également inactive sur le même créneau horaire la veille des faits. Ainsi, si le fait « absence d'activité » reste le même, la conséquence est évidemment différente.

Nous devons questionner les expertises techniques utilisées à l'aune du principe de précaution au terme duquel la preuve scientifique doit reposer sur des connaissances généralement admises. Nous

---

raisonnement par analogie. XIV. Celle-là [question judiciaire] se présente lorsque, tout en convenant du fait, on recherche si son auteur était ou non dans son droit. Elle se divise en deux espèces, l'une absolue, l'autre accessoire. Elle est absolue, quand nous soutenons que l'action peut se défendre en elle-même, et sans recourir à aucune considération étrangère. [...] La question est accessoire, lorsque la défense, faible par elle-même, emprunte le secours d'une circonstance étrangère. Ces circonstances sont au nombre de quatre : l'aveu du crime, le recours, la récrimination, l'alternative » (Cicéron, *Rhétorique à Herennius*, I, §11, 15).

interrogeons donc les techniques, faisant intervenir des sachants pour démontrer à l'audience l'inconsistance de certaines preuves telles les « expertises » en reconnaissance vocale. L'avocat doit également interroger les éléments de preuve technique. Reine des preuves, l'ADN n'en demeure pas moins contestable : un ADN mitochondrial commun à tous les membres d'une fratrie issus de la même mère n'a pas la même valeur qu'un ADN nucléaire. Ainsi, dans l'affaire Andruet, du nom du joueur d'échecs tué le 22 août 1995, un ADN mitochondrial avait été retrouvé sur la scène de crime. Cet ADN était susceptible de correspondre à deux des suspects du dossier, qui seront finalement, du fait d'un doute persistant, acquittés tous les deux.

L'avocat doit par ailleurs chercher les arguments de droit, qu'il s'agisse d'éléments procéduraux ou d'éléments de qualification, et intégrer dans sa réflexion l'exécution des peines. Il dispose de toutes les sources du droit, dispositions conventionnelles, constitutionnelles, législatives, réglementaires, des sources secondaires, de la jurisprudence et de la doctrine.

Il s'agit là d'utiliser des techniques d'investigations en forme d'entonnoir, du général au particulier pour disposer d'une culture juridique permettant d'intégrer le litige dans un système normatif cohérent et d'une vision précise du point de droit à trancher. Ainsi l'avocat pourra-t-il convoquer la genèse de l'apparition d'un texte dans le Code de procédure pénale, pour mieux en critiquer le dévoiement, faire appel au droit pénal général pour redonner une substance à l'élément intentionnel d'un délit que l'accusation voudrait voir formel.

Le droit pénal – initialement « *ultima ratio* de la réponse sociale [15] » – connaît une inflation continue et compte aujourd'hui 16 540 infractions [16]. Il épouse tous les champs du droit, et nous devons sans cesse nous former. L'avocat cherchera hors du texte d'incrimination des arguments de droit pertinents. Comment déterminer si l'infraction d'entrave à la circulation est caractérisée sans définir la notion de voie ouverte à la circulation ou comprendre le droit des travailleurs détachés sans maîtriser la jurisprudence de la cour de justice ?

Enfin, l'avocat ne doit jamais renoncer à l'inventivité. Il convoquera toutes les interprétations possibles[a] et déterminera une position cohérente, fût-elle minoritaire, sans dénaturer ou affabuler. Il ne renoncera pas à utiliser les normes conventionnelles ou constitutionnelles pour transformer l'état du droit. C'est de l'imagination des avocats qu'émergent de nouveaux droits fondamentaux, tel le recours tendant à sanctionner les conditions indignes de détention.

À ces arguments de fait et de droit, l'avocat cherchera enfin les arguments tendant à mettre en relief la thèse qu'il soutient, ce sont les arguments de valeurs et les arguments d'émotions. Après avoir déterminé le champ idéologique ou philosophique dans lequel s'intègre la cause, l'avocat pourra identifier des arguments de valeurs définis comme la relation entre un fait objectif et l'appréciation subjective que l'orateur en fait. Il peut s'agir de valeurs absolues (prohibition des traitements inhumains et dégradants), des valeurs relatives (liberté d'expression/droit à l'information), des valeurs universelles, éthiques ou philosophiques.

C'est un argument de valeur que faisait valoir Gisèle Halimi dans le procès de Bobigny où elle plaidait le 8 novembre 1972 au soutien de la relaxe de Marie-Claire Chevalier, poursuivie pour avortement illégal : « Cette loi, messieurs, elle ne peut pas survivre et si l'on m'écoutait une seconde de plus. Pourquoi ? Pour ma part, je pourrais me borner à dire : parce qu'elle est contraire, fondamentalement, à la liberté de la femme, cet être, depuis toujours opprimé[17]. »

Les arguments d'émotion visent à provoquer dans l'auditoire un mouvement psychologique facilitant l'adhésion à la thèse. Ce sont ceux qui provoqueront chez le juge la colère, la pitié, l'empathie, la honte ou l'indignation, mais aussi de la douceur ou de la joie, de l'espérance ou de la crainte. L'émotion que l'on choisit est celle qui naît spontanément à la lecture d'une procédure, celle que l'on

a. Interprétation de l'esprit contre le texte, *a fortiori, a contrario*, téléologique, évolutive...

ressent, qui nous étreint, c'est celle qui émerge dans ce dialogue fondamental avec le client, celle qui apparaît au cours de l'audience. L'argument d'émotion a une fonction représentative en ce qu'elle permet de faire surgir chez le juge une image. C'est ainsi que Robert Badinter explique avoir tenté d'illustrer la réalité de la peine de mort par cette formule qui contient « toute l'extrême horreur du supplice sans jamais se laisser aller à des descriptions horribles » s'agissant de « couper un être humain en deux [18] ».

Enfin, l'invention exige un dialogue soutenu avec la personne que l'on défend, ses objectifs, sa vision de la procédure car, « sous le nom de crimes et de délits, on juge bien toujours des objets juridiques définis par le Code, mais on juge en même temps des passions, des instincts, des anomalies, des infirmités, des inadaptations, des effets de milieu ou d'hérédité [19] ».

Il est inenvisageable de laisser dans l'angle mort de l'invention des arguments le mandat qui nous est donné par celui qui va être jugé, au-delà même des faits, qui va être exposé dans sa chair à des pénalités sévères. C'est demander à une victime que l'on défend ce qu'elle attend de la procédure, à un auteur de violences conjugales la genèse d'une relation, c'est pénétrer dans l'intimité de la vie de celui ou de celle que l'on défend, s'en nourrir, comprendre son histoire, la porter et en devenir le passeur. C'est tenter d'infléchir une position procédurale lorsque les éléments probatoires rendent invraisemblables les dénégations. C'est obtenir de celui qui nous fait confiance le droit de dire et d'utiliser en public ce qui nous a d'abord été réservé.

Une fois ce travail méthodique réalisé dans cette dialectique hégélienne de la pensée, ce mouvement de va-et-vient entre la partie et l'ensemble où tout a été construit puis déconstruit, l'avocat tentera de dresser une synthèse argumentative.

Dispositio

> Une plaidoirie qui ne suit pas un plan préalablement établi ressemble à un tableau qui ne serait pas composé dans lequel rien ne serait mis en place et où la disproportion remplacerait la perspective[20].

Une fois les arguments listés, il convient de les disposer et de construire un entrelacs argumentatif, à travers un raisonnement qui peut être soit déductif fondé sur le syllogisme[a], soit inductif consistant alors à partir de cas individuels pour accéder à l'universel. Pour ce faire, il faut déterminer son axe, la question qui se pose et la réponse que l'on va y apporter. On choisira ensuite les arguments à intégrer en rejetant les arguments douteux car « on succombe à lutter contre l'évidence parce que l'on choque le bon sens et que partant on montre la faiblesse de ce que l'on soutient[21] ».

Il est possible de faire porter son argumentaire sur une seule cause qui contient tout l'objectif à atteindre. Robert Badinter expliquait avoir choisi ainsi l'axe de sa plaidoirie dans le cadre du procès de Patrick Henry : « Je ne voyais pas d'issue possible dans l'utilisation des faits, ils étaient accablants jusque dans le détail, [...] enfin il m'apparut qu'il n'y avait plus l'espérance réelle de grâce présidentielle, je voyais apparaître clairement que tout le sort de Patrick Henry se jouerait à la cour d'assises. [...] Je compris que l'heure était venue et que maintenant je devais placer les jurés face à la mort. [...] La seule question qu'il leur faudrait se poser et que je leur poserai serait voulez-vous que cet homme-là meure, voulez-vous pour dire les choses simplement le tuer ? Vous individuellement[22]. »

---

a. Le syllogisme contient une majeure qui annonce un principe général ou une règle de droit, une mineure qui contient des faits particuliers et une conclusion qui est la conséquence nécessaire.

Il conviendra ensuite de fixer l'ordre des arguments en fonction de leur force. S'ils sont tous forts, leur disposition importera peu, et seule la structure argumentaire en déterminera le sens, s'ils sont faibles, on les disposera sous forme d'une énumération qui en amplifiera l'importance, s'ils sont de valeurs inégales, il est de coutume de respecter un ordre nestorien, les meilleurs en premier lieu pour fixer l'attention, les moins bons ensuite, et des plus importants enfin pour que les juges partent avec le sentiment de leur valeur.

L'ordre dépend également de la cause à débattre, du choix procédural opéré et de la confiance dans les chances de succès que l'avocat y place. Ainsi, on présentera la personnalité de son client comme un élément de contexte à l'orée d'une plaidoirie tendant à la relaxe afin de faire entendre au juge sans jamais le formuler ce qu'il devrait avoir à l'esprit pour fixer une peine s'il venait à condamner.

Une attention particulière sera portée à la réfutation. Il faudra identifier ce qu'il convient de réfuter, hiérarchiser les éléments les plus importants, reconstituer leur structure pour en apprécier les règles logiques, examiner le contenu eu égard aux éléments objectifs du dossier.

La rhétorique, en ce qu'elle enseigne la typologie des arguments vicieux, des formes de sophisme ou de paralogisme, est un instrument précieux à la réfutation[a]. On ne manquera pas d'identifier les pétitions de principe[b], les généralisations, on réfutera la jurisprudence par le distinguo, on relèvera les énumérations incomplètes, la violation de la règle de droit, défaut de motifs, défaut de base légale, dénaturation. On s'attachera à la réfutation avec rigueur, anticipant la réplique

a. Paralogisme : le faux dilemme, le saut à la cause, le dénombrement imparfait ; *fallacia accidentis* : procédé de généralisation abusive ; *secundum quid* : où l'on passe de ce qui est vrai à quelques égards à ce qui est vrai simplement ; paralogisme de division : lorsqu'on attribue des qualités de l'ensemble à chacun des éléments qui le constituent ; paralogisme de composition : lorsqu'on attribue à l'ensemble les qualités de chacune des parties ; paralogismes liés à l'ambiguïté des mots...

b. Consiste à supposer vrai ce qui est en question.

d'arguments encore sous la terre d'un dossier documentaire parfois titanesque.

L'axe étant déterminé, les arguments, soupesés, la thèse adverse, mise à nu, l'avocat pourra alors définir son plan. La rhétorique classique établit des lignes directrices dans la détermination d'un plan décomposé en cinq parties immuables : l'exorde, la narration[a], la division[b], la confirmation[c], la réfutation[d] et la péroraison. Des structures différentes sont évidemment possibles au regard de la cause à débattre et de l'enjeu du procès. La narration peut disparaître pour les causes simples et entendues, lorsque le magistrat a laissé apparaître que les faits étaient acquis ; elle peut se réduire à quelques mots lorsque les faits sont admis et qu'ils sont par trop désagréables. Il peut, lorsque la culpabilité est acquise, se réduire à une narration factuelle argumentative, ou se décomposer selon les critères de détermination de la peine tels que visés à l'article 132-19 du Code pénal.

Action : du dossier à l'audience, la perpétuelle réinvention

L'étude de l'argument ne serait pas complète si elle s'arrêtait avant l'audience. La plupart du temps, la défense prépare une argumentation, anticipe les arguments du parquet, mais elle ne découvrira la teneur réelle des axes de l'accusation qu'à l'audience et elle devra y apporter une réponse immédiate. Plus encore, « il y a entre un dossier

---

a. Description argumentative des données factuelles soumise à l'auditoire.

b. Comme l'énumération faite par ordre des propositions qui vont être soutenues ainsi que celle des adversaires qui vont être réfutées.

c. Partie du discours argumentatif dans laquelle l'avocat expose l'ensemble des arguments qu'il a retenus.

d. Partie s'attaquant au moyen de preuves et vos arguments qui fondent les discours adverses.

et les débats la différence qu'il existe entre le livre et le film tiré du livre[23] ». L'audience est l'espace où le papier prend vie, les sentiments émergent, et les arguments sont parfois bousculés par l'humanité qui jaillit. La juridiction est incarnée et prend voix, visage et ton ; la partie civile bouleverse ; les témoins évoluent, accablent ou innocentent ; l'accusé, le prévenu plie ou rompt ; les experts nuancent. Chaque élément du dossier est passé au crible du contradictoire dans un ballet d'interprétation.

Ainsi, Maud Sécheresse assurait la défense d'une accusée poursuivie pour infanticide. Au cours des débats le médecin légiste expliquait, sans que cet élément ressorte clairement de son rapport écrit, qu'il n'y avait aucune trace de violences sur la victime. Était ainsi ouverte une nouvelle argumentation fondée sur une requalification des faits en l'absence de soins.

Dans ce magma de vitalité, l'avocat doit être disponible à l'instant décisif s'il arrive, aux réticences de la juridiction qu'il n'avait pas anticipées, aux nuances qui émergent. Il puisera dans les débats les éléments sur lesquels il faudra revenir, les mots qui marquent, les images qui dépeignent le mieux l'audience. Son argumentation sera enrichie et remodelée, et devra intégrer les arguments de la partie civile et de l'accusation qui détermineront le plan arrêté avant la prise de parole. Comment ne pas revenir sur les arguments qui semblent avoir marqué les esprits au point que, sans réponse immédiate, ils rendraient le propos de l'avocat de la défense inaudible ?

Il convient d'opérer un nouveau tri pour se concentrer sur les éléments saillants qui ont cristallisé les débats. Cette opération sera d'autant plus facile que l'avocat aura, parce que le contentieux est technique, ou parce qu'il entendait enserrer le juge dans un raisonnement probatoire, fût-il factuel, choisi de conclure. Aucun argument ne restera ainsi sans réponse. On pourrait alors considérer le travail sur l'argument épuisé, une fois intégrés dans la trame argumentative les éléments du dossier, les éléments d'audience, les argumentaires des parties civiles et de l'accusation.

Pour autant, l'avocat, hypersensible au service de l'instant, percevra au cours même de sa plaidoirie, par l'attention soutenue au regard de son auditoire si ses arguments sont compris, s'il demeure une défiance. Il utilisera les figures argumentatives pour leur donner plus de relief, pour y revenir, les amplifier, les expliquer. Il aura parfois des fulgurances – qu'Henri Leclerc appelait « le moment où l'on attrape l'ange qui passe » – qui briseront les réticences, pour rendre l'auditoire à l'argumentation.

Robert Badinter expliquait ainsi avoir participé aux côtés d'Henry Torrès, de Raymond Guy et d'Émile Pollak à un procès d'assises à Aix-en-Provence dans une affaire délicate. Après les premières plaidoiries,

> nous sentions bien que ça n'allait pas, dans les grandes atmosphères criminelles des moments comme ça où on a l'impression que les mots tombent à vos pieds. Et puis Torrès s'est levé et singulièrement à notre stupéfaction au lieu d'aborder l'affaire qu'il défendait il s'est tourné vers le fond de la salle, [...] c'était prodigieux, cela n'avait rien à voir avec l'affaire mais c'était le comble du génie, et à la fin ça avait duré 15-20 minutes d'éloquence pure et sublime, [...], il s'est retourné vers tous ces étudiants qui étaient là au fond de la salle et il avait clamé d'une voix formidable : « Levez-vous belle jeunesse d'Athènes, reprenez le flambeau des gloires. » Les jurés étaient médusés et conquis. [...] Et puis là il avait marqué un grand moment, il avait commencé à parler de cette affaire qui nous amenait là et nous avons eu un résultat extraordinaire.

Il avait fallu éprouver pendant l'exorde le souffle du génie oratoire pour rendre la cour d'assises disponible à l'argumentation. Ainsi jusqu'au dernier mot prononcé pour le compte de celui qu'il représente, l'avocat va construire et déconstruire sa trame argumentative, l'enrichir et la modeler pour assurer la mission qui seule justifie son intervention : *défendre*.

Propos libre sur l'argument

par Jean Boudot

Si nos propos libres devaient autoriser le risque, prenons celui d'essayer de fixer le canevas de dix règles majeures dont le respect est indispensable à l'élaboration et à la construction d'un discours, d'une plaidoirie, d'un propos destiné à convaincre[24]. À défaut d'en garantir le succès, elles permettront, *a minima*, d'éviter quelques faiblesses rédhibitoires.

• RÈGLE N° 1. L'*ethos* – la crédibilité de l'orateur – est le préalable indispensable à la capacité de convaincre. Cet ethos peut bien sûr résulter de la réputation préalable de l'orateur, mais il trouve aussi sa source dans le discours lui-même (compétence et sincérité de l'orateur).

• RÈGLE N° 2. Il importe, avant toute autre chose, d'identifier une problématique (la question posée), l'objectif à atteindre (la réponse à y apporter), ce qui nécessite d'identifier le désaccord auquel nous sommes confrontés, et pour cela de distinguer le réel (les faits acquis et les valeurs évidemment partagées) du préférable qui est, seul, objet du débat.

• RÈGLE N° 3. Il importe ensuite de procéder à la recherche objective et exhaustive des arguments, contre-arguments et objections susceptibles d'être utilisés par les différents interlocuteurs, et de réaliser ainsi l'« inventaire de Cicéron », selon la formule consacrée.

• RÈGLE N° 4. Il est alors indispensable d'opérer un tri dans les arguments ainsi identifiés, prioritairement pour les adapter à l'auditoire (cette dimension subjective de l'argumentation est absolument essentielle), mais aussi au temps dont on dispose et à l'objectif à atteindre.

• RÈGLE N° 5. Pour les rendre plus efficaces, il importe d'une part de travailler à circonstancier les arguments (avoir le souci du détail dans la démonstration plutôt que de procéder par voie d'affirmation), d'autre part à leur donner un effet de présence (ton, silence, usage de figures de style, il existe pour cela divers procédés rhétoriques – qui doivent toutefois rester discrets : ce qui est trop apparent en rhétorique perd immédiatement son effet).

• RÈGLE N° 6. L'exorde (le début du discours) et la péroraison (la fin du discours) sont des temps clefs qui doivent faire l'objet d'un travail spécifique, pour faire naître l'écoute, créer une tension, donner un sentiment de résolution.

• RÈGLE N° 7. Le corps du discours doit être structuré autour d'une ligne argumentative claire, les arguments devant être ordonnés et articulés dans un raisonnement logique continu.
• RÈGLE N° 8. L'importance du choix des mots (mots, verbes, modalisation, assonance, usage de l'implicite, etc.) et du niveau de langage est fondamentale pour convaincre. C'est la fonction dite proférentielle[a] du langage.
• RÈGLE N° 9. Il est encore fondamental de savoir invoquer avec justesse les émotions, qui sur le plan cognitif ont une place importante dans l'action de convaincre. La rhétorique offre pour cela une multitude d'outils, qui doivent cependant, là plus qu'ailleurs, être utilisés avec la plus grande discrétion, sauf à produire un effet contraire à celui recherché.
• RÈGLE N° 10. L'action oratoire est enfin soumise à un impératif de congruence : il s'agit de l'alignement de toutes les dimensions du langage, le verbal, le paraverbal et le non-verbal, expression de la nécessaire sincérité de l'orateur, indispensable à l'action de convaincre.

a. La fonction proférentielle du langage signifie, en rhétorique, que les mots portent, en eux-mêmes, une force argumentative, indépendamment de leur association avec d'autres pour construire des phrases et des arguments. Si, parlant de la Bible, je choisis de dire « le bouquin » plutôt que « le Livre », je lui ai dénié en un mot son caractère sacré, sans avoir aucun besoin d'exprimer davantage. Si je veux faire la même chose en évitant toutefois la violence d'un blasphème, il me suffit de modifier une lettre : « le livre », et non « le Livre »... Une seule lettre peut ainsi porter en elle une fonction argumentative, qui a au surplus la force de l'implicite.

CHAPITRE 11

La stratégie

par Capucine Lanta de Bérard

> « Tout avocat avant l'audience joue dans le silence de son cabinet au Kriegspiel judiciaire. »
>
> Robert BADINTER, *L'Exécution.*

> « Un procès n'est pas un piège du destin. Tout son déroulement dépend du choix de l'accusé. Il n'est nulle part ailleurs donné à un homme autant de chances de vaincre, autant de forces coalisées. Y est désarmé seulement qui jette ses armes. »
>
> Jacques VERGÈS, *De la stratégie judiciaire.*

Auditionnée par la commission d'enquête sénatoriale sur l'impact du narcotrafic en France, une juge d'instruction, coordinatrice du pôle criminalité organisée de la JIRS de Marseille, dénonçait en mars 2024 le fait, par « certains avocats », d'utiliser « des stratagèmes » pour « obtenir des remises en liberté de délinquants ». Stigmatisant une défense qualifiée de « pas constructive » et qui « ne se bat pas sur le fond du dossier qui est accablant mais sur la procédure », celle-ci proposait d'encadrer de manière plus contraignante les possibilités de recours. Cet exemple – parmi d'autres – illustre parfaitement le paradoxe auquel l'avocat pénaliste est confronté. D'un côté, sa mission le désigne comme porteur d'un rôle essentiel dans toute société démocratique, garant de la défense des principes essentiels et des libertés publiques toujours menacées, et, de l'autre, son action, *a fortiori* lorsqu'elle est efficace, est presque par nature frappée d'une forme de suspicion. Et la notion de stratégie, lorsqu'elle est utilisée par l'avocat, n'y échappe pas.

Dans cette incompréhension du rôle de l'avocat, et en particulier de l'avocat pénaliste, la stratégie – surtout au service de la défense – est mal perçue. Comme si elle se rapprochait d'une forme de tromperie, de manœuvre, voire de manipulation ou de ruse. Comme si finalement, par son action, l'avocat-stratège allait empêcher la justice de passer, ou, pour reprendre la formule du Code de procédure pénale, allait nuire à la « manifestation de la vérité ». Il est intéressant de s'interroger sur les raisons de cette perception. On peut sans doute trouver un élément de réponse dans la culture judiciaire française, dans laquelle, comme l'identifiait Daniel Soulez Larivière, la vérité serait « une sorte de trésor caché au fond du jardin qu'il faut savoir découvrir grâce à de bons juges et malgré les avocats gêneurs [1] ». Dans cette conception de la justice, l'avocat-stratège est nécessairement cet avocat gêneur, dont l'intervention et le talent stratégique ne participeraient finalement qu'à empêcher la vérité de surgir, ou en tout cas à la rendre plus difficile d'accès.

Cette vision de la justice – et de la vérité – est incroyablement éloignée de la réalité. La « vérité » dans une affaire pénale est extrêmement mouvante et fragile, et ce qui peut paraître évident un temps donné peut se trouver totalement contredit ensuite. Pour autant, quiconque s'est approché de la justice pénale sait à quel point il est difficile de la faire dévier lorsque l'enquête ou l'instruction ont désigné un coupable. Et l'on n'obtient pas une relaxe ou un acquittement autrement qu'en combattant, avec toutes les armes à notre disposition et une stratégie pour les articuler, une accusation qui dispose de moyens coercitifs considérables : perquisitions, écoutes, gardes à vue, saisies pénales, incarcération, avec, face à la solitude de l'avocat, une armada de policiers, d'experts, de magistrats et souvent d'une opinion publique très à charge.

Notre confrère Henri Leclerc, il y a une dizaine d'années lors d'une journée de formation de l'Institut de défense pénale de Marseille, expliquait qu'un dossier pénal tel qu'il est construit par l'enquête ou l'instruction était « comme un train lancé à pleine vitesse vers la condamnation ». Et que le « rôle de l'avocat pénaliste était de faire dérailler ce train ». De faire dévier cette vérité établie par l'enquête en la confrontant aux failles du dossier. Pour rester avec Henri Leclerc et illustrer concrètement cet enjeu, on se souviendra de l'affaire Richard Roman, dont il était avec Alain Molla l'un des défenseurs, qui rend compte de toute la difficulté à laquelle la défense doit faire face lorsque tout l'appareil répressif accuse et que l'opinion publique le soutient. Richard Roman avait été accusé de la mort d'une petite fille, la petite Céline, et avait avoué le crime au cours d'une garde à vue avant de se rétracter devant le juge d'instruction. Didier Gentil, coaccusé, soutenait que Richard Roman avait commis les faits. Lors d'une reconstitution, les avocats de Richard Roman avaient été pris à partie et molestés par la foule. Henri Leclerc dit à propos de cette affaire : « J'ai vu la foule hurlante, celle pour qui la haine devient un carburant interne, capable de toutes les violences[2]. » Quatre ans après les faits et un travail de défense colossal, Didier Gentil reconnaissait devant la cour d'assises avoir agi seul, et Richard Roman était finalement acquitté après plusieurs années de détention provisoire. On est ainsi bien loin du « trésor caché au fond du jardin » qui n'attend que d'être découvert et l'on prend toute la mesure du rôle de la défense pour que la justice soit rendue.

Si cette affaire est emblématique, à la fois par l'horreur du crime, la démesure du climat délétère l'entourant et le risque de condamnation d'un homme innocent, la conclusion reste la même dans toutes les affaires que nous avons à traiter : sans un travail de défense structuré, entier, combatif et sans compromis, la justice ne peut être rendue. Comme le résumait François Molins, ancien procureur général près la Cour de cassation, « il n'y a pas de bons juges sans de bons avocats[3] ». Et c'est parce que l'avocat participe par son action à éviter le désordre social constitué par l'erreur judiciaire et la condamnation injustifiée ou excessive que le citoyen peut adhérer au système judiciaire lui-même. L'efficacité du travail de l'avocat s'inscrit donc pleinement et entièrement dans son rôle social. Et c'est en réalité, à l'inverse, lorsque l'avocat ne remplit pas ce rôle, par défaut de compétence ou de combativité, que la société est en danger et que la justice perd sa crédibilité.

Si l'on admet que la défense judiciaire est un combat, elle ne peut pas se limiter, se restreindre ou s'affaiblir. Elle doit être entière, et l'avocat doit pouvoir utiliser toutes les armes à sa disposition. C'est ici que la stratégie intervient. Elle est incontournable. Chaque avocat, parfois sans en avoir conscience, analyse, organise, choisit les moyens d'action à mettre en œuvre dans l'intérêt de son client.

Définie comme l'art de combiner et de coordonner diverses actions pour atteindre un but, la stratégie a d'abord été théorisée en matière militaire pour désigner et analyser l'art du commandement. C'est ce qui explique que la théorie militaire reste aujourd'hui une source d'inspiration dans tous les domaines nécessitant une approche stratégique et qu'elle est une source d'inspiration en matière de stratégie judiciaire.

Mais, plus encore qu'un mode d'emploi ou un vivier d'exemples tactiques, et comme le souligne le général André Beaufre, auteur d'un ouvrage remarquable et très accessible y compris en dehors de la matière militaire : « La stratégie ne doit pas être une doctrine unique, mais une méthode de pensée permettant de classer et de hiérarchiser les événements, puis de choisir les procédés les plus efficaces. À chaque situation correspond une stratégie particulière ; toute stratégie peut être la meilleure dans l'une des conjonctures possibles et détestable dans d'autres conjonctures. C'est là la vérité essentielle[4]. » Cette recommandation est pleinement applicable à la matière judiciaire et doit nous rappeler à chaque instant et avec humilité la nécessité d'analyser au cas par cas les situations qui nous sont soumises.

Cette méthode de pensée doit permettre de tenir le cap fixé avec le client, en utilisant et en choisissant au mieux les moyens dont on dispose. Et en matière judiciaire les moyens sont nombreux et variés, ils ont trait à l'ensemble des outils disponibles mis en lumière dans cet ouvrage collectif : le droit, la procédure, la connaissance technique, les faits, l'argumentation, la technique de plaidoirie, la médiatisation, le tout en choisissant le moment, le lieu et l'angle d'attaque.

Avant d'aborder la stratégie dite de « connivence », qui correspond à celle que nous rencontrons d'ordinaire lorsque l'ordre public n'est pas en cause, quelques mots doivent être dits pour présenter le cas particulier et emblématique de la stratégie de rupture. Dans la plupart des procès de rupture, « le but de la défense n'est pas tant de faire acquitter l'accusé que de mettre en lumière ses idées[5] ». Ainsi, dans le procès de Socrate, premier procès de rupture de l'histoire qui ait été relaté[6], l'accusé n'est pas condamné pour les raisons très secondaires mises en avant par ses accusateurs mais « en raison du trouble qu'il apporte dans la ville, de sa contestation permanente de l'ordre établi[7] ». Et, alors qu'il aurait pu accepter le compromis de l'exil, impliquant de cesser de philosopher où qu'il se trouve[8], Socrate choisit de sacrifier sa vie en faisant de son procès une tribune.

Autre époque, même méthode, le premier exemple moderne de défense de rupture a été le procès de Georgi Dimitrov, membre du Komintern, qui avait été accusé d'avoir fait incendier le Reichstag en février 1933. Son défenseur était un avocat militant communiste, Marcel Willard, premier à avoir théorisé dans un ouvrage le concept de défense de rupture[9]. Il y décrit notamment le rôle d'un accusé qui est avant tout, lui aussi, un militant.

Cette pratique de la « défense de rupture » fut ensuite mise en œuvre d'une manière extrêmement aboutie par Jacques Vergès lors des procès du FLN, qui en fit un ouvrage remarquable qui constitue toujours aujourd'hui l'un des rares ouvrages de théorie consacrée à la stratégie judiciaire[10]. Dans les procès du FLN, la rupture était totale puisque la compétence même des tribunaux français était contestée.

Comme l'indique Jacques Vergès lui-même : « Une défense collective est ainsi née. Forme extrême de la défense de rupture dans les conditions de la révolution coloniale du XXe siècle[11]. » La bataille était par ailleurs menée ailleurs que dans le prétoire en se déplaçant sur le terrain de l'opinion publique et de la politique.

On retiendra que « la distinction fondamentale qui détermine le style du procès pénal est l'attitude de l'accusé en face de l'ordre public. S'il l'accepte, le procès est possible, constitue un dialogue entre l'accusé qui s'explique et le juge dont les valeurs sont respectées. S'il le refuse, l'appareil judiciaire se désintègre, c'est le procès de rupture[12] ». Toutefois, comme le souligne Vergès, il y a la place « pour cent nuances, cent degrés de différence ». En d'autres termes, la rupture peut ne pas être totale, de même que son opposé, la défense dite de connivence est rarement absolue. D'ailleurs, que doit-on entendre par connivence sinon la recherche, dans ce « dialogue » possible avec le tribunal, d'un point de justesse et d'un langage commun permettant de convaincre le juge ?

Au-delà de ces schémas : défense de rupture/défense de connivence, existe-t-il des grands principes de stratégie judiciaire ? En matière militaire, Carl von Clausewitz, grand théoricien de la stratégie militaire, avait tenté de dégager les principes de l'efficacité stratégique et tactique dans son ouvrage *De la guerre*[13]. Ces principes sont les suivants :

1) l'avantage du terrain ;
2) la surprise ;
3) l'attaque de plusieurs côtés ;
4) l'appui tiré du théâtre de guerre, c'est-à-dire les forteresses et leurs ressources ;
5) l'appui du peuple ;
6) l'exploitation des grandes forces morales.

Il est intéressant de s'apercevoir qu'avec quelques aménagements – essentiellement de vocabulaire – ces grands principes sont applicables en matière judiciaire. Le terrain, par exemple, serait l'équivalent de la connaissance du dossier, la surprise est un ressort essentiel, que l'on se place en attaque ou en défense, certaines argumentations peuvent également ressembler à une forteresse. Enfin, l'exploitation des « forces morales » reste, comme en matière militaire, le principe fondamental. Le fait d'user d'une stratégie ordonnée et bien conçue, en suivant une vision, avec une bonne connaissance de ses forces et de ses faiblesses et en anticipant au maximum sur les étapes d'un dossier, est le seul moyen d'aider le justiciable, d'un côté de la barre ou de l'autre, à traverser l'épreuve judiciaire en le protégeant au mieux de toutes les morsures que la machine judiciaire inflige inévitablement. Et l'importance de l'impact moral dans le combat judiciaire permet également de rappeler l'objectif ultime de l'« art de la guerre[14] » selon Sun Tzu : vaincre l'ennemi sans combattre.

Comme on l'a vu, la stratégie constitue d'abord une « méthode de pensée » permettant de classer et de hiérarchiser les événements, puis de choisir les procédés les plus efficaces. Les propos qui suivent seront donc davantage une tentative de poser – humblement – les grandes lignes d'une méthode de raisonnement, illustrée d'exemples, mais que chacun peut ensuite s'approprier pour élaborer sa propre stratégie et venir nourrir « l'instinct de la défense[15] ».

Aucune limite ne devrait exister dans l'ingéniosité et dans l'invention des ressorts stratégiques, si ce n'est évidemment celle de la loyauté, de l'éthique et de la déontologie.

Le préalable indispensable à tout choix stratégique : l'analyse critique du dossier

Aucune stratégie ne peut être posée sans une connaissance préalable du dossier. L'objectif est d'en identifier les forces et les faiblesses pour y remédier et trouver des antidotes à mettre en œuvre. Pour cela, il est nécessaire d'adopter une méthode critique, pour soumettre le dossier au « doute cartésien[16] », méthode admirablement décrite par les mots de René Floriot : « Autre erreur que l'on commet fréquemment en matière pénale, comme en matière civile : considérer les yeux fermés certains points du dossier comme acquis. J'estime que rien n'est jamais acquis et donc que tout doit être vérifié. L'avocat qui observe cette règle est surpris de l'importance de ces découvertes [17] ».

La position de la défense comporte dans cet exercice un avantage indéniable sur la partie poursuivante. La défense a en effet une plus grande maîtrise du « terrain » par l'accès que nous avons à nos clients et à l'éclairage qu'ils peuvent nous apporter en répondant à nos questions sur les faits, le contexte, les aspects techniques ou matériels du dossier. Face à un procureur ou à un juge d'instruction qui ne dispose que d'un dossier « en papier », la défense doit absolument exploiter cet immense avantage. Sans rien laisser au hasard et sans renoncer à aucune question.

De manière générale, l'avocat doit développer au maximum son sens de l'anticipation et apprendre à percevoir les signaux – y compris faibles – qui annoncent le début d'une affaire. Dans les affaires politico-financières par exemple, la presse d'investigation en particulier est aujourd'hui l'un des points d'entrées « classiques » vers l'enquête préliminaire, et il serait inenvisageable de ne pas y prêter l'attention requise, même lorsque le sujet paraît à première vue très secondaire ou peu sérieux.

Identifier le nœud du dossier

L'analyse préalable du dossier doit également permettre de déterminer le point décisif de l'affaire, le nœud du dossier, car c'est autour de celui-ci que va s'organiser la ligne de défense. « Un clou, un seul clou. Frapper bien fort dessus. Voilà l'un des secrets du métier d'avocat [18]. » Il est en effet communément admis qu'une défense tous azimuts perd en efficacité. La multiplication de points secondaires de défense présente le risque de diluer les forces et le message, et rend presque impossible de l'emporter, selon la formule de Frédéric de Prusse « celui qui veut tout défendre ne défend rien ». Au contraire, engager et cibler une défense sur le point le plus décisif du dossier en y dédiant forces et moyens d'action a un impact beaucoup plus fort. Cette méthode n'interdit pas de défendre les points secondaires, mais ceux-ci doivent dans ce cas se coordonner parfaitement avec la ligne de défense majeure et s'y intégrer pour conserver cohérence et efficacité.

Fixer l'objectif à atteindre

À partir de la connaissance du dossier va alors pouvoir s'engager une discussion avec le justiciable que nous accompagnons pour définir l'issue à laquelle on souhaiterait aboutir. Et c'est une fois fixé cet objectif que seront ensuite définis les moyens susceptibles de l'atteindre.

En défense, il s'agira bien sûr de savoir d'abord si l'on peut soutenir une relaxe ou un acquittement, ou à l'inverse, dans les affaires où la culpabilité n'est pas contestable dans son entier, de s'accorder sur les charges du dossier que l'on peut espérer faire tomber pour viser une relaxe partielle. Dans cette hypothèse, il peut s'agir par exemple de l'objectif de combattre la qualification de bande organisée ou de certaines causes d'aggravation d'infractions qui alourdissent sensiblement la peine encourue. Dans certains dossiers, il n'existe aucun débat de ce type, et c'est entièrement sur la peine que l'objectif va se fixer (empêcher un emprisonnement ferme ou une interdiction d'exercer une activité, remplir les conditions d'un ajournement de peine, obtenir une obligation de soins et une peine symbolique, etc.).

En partie civile, de la même manière, un objectif doit être fixé. Et il serait terriblement réducteur de penser que pour celle-ci ne compteraient que la condamnation et le prononcé de la peine la plus lourde possible. L'accompagnement de la partie civile implique justement de limiter ses attentes concernant la peine, qui le plus souvent ne génère qu'incompréhension. Bien d'autres objectifs existent, davantage porteurs de sens pour la partie civile. Et, si la peine – qui relève de l'action publique – ne doit pas être au cœur des objectifs de la partie civile, il est parfaitement justifié que celle-ci se batte aux côtés du parquet sur la caractérisation de l'infraction.

Il faut par ailleurs rester très attentif au contexte dans lequel une affaire va être jugée, car ce contexte peut considérablement influencer le déroulement d'un procès, et l'objectif que l'on se fixe doit en tenir compte. Il y a quelques années, nous défendions la famille d'un jeune homme qui avait été assassiné dans des conditions terribles par l'amant de son épouse, à l'instigation de celle-ci. Quelques semaines avant les assises, l'affaire Jacqueline Sauvage était au cœur de l'actualité, et une grande partie de l'opinion publique avait pris le parti de cette femme qui, dans un contexte de violences conjugales de longue date, avait abattu son mari de trois coups de fusil de chasse dans le dos alors qu'il dormait. Certains éléments de notre affaire laissaient craindre que l'accusée essaie de profiter de ce courant d'opinion pour attaquer *post mortem* l'honneur de la victime, lui reprochant des violences imaginaires pour justifier son crime. Nous avions donc conclu à la nécessité de mettre en place par anticipation une défense de la victime, en prévoyant notamment des citations de témoins, pour faire face à cette menace que nous percevions. Ce fut très utile, car dès les premières minutes du procès l'accusée changeait effectivement sa ligne de défense et se posait désormais en victime. Les trois témoins que nous avions fait citer à la barre pour déminer cette attaque permirent de faire voler en éclats cette ligne de défense abjecte qui d'ailleurs finit par se retourner sévèrement contre l'accusée.

Le fait de fixer un objectif permet de réfléchir de manière guidée aux moyens de l'atteindre et d'en vérifier l'adéquation. À l'inverse et en l'absence d'objectif, il sera beaucoup plus difficile de déterminer les actions à mener. Le risque est soit de partir tous azimuts, soit de taper à côté de la cible ou même de marquer contre son camp.

Par exemple, si une nullité procédurale existe dans un dossier (notamment une nullité de la garde à vue), il faudra avant de la soulever s'assurer que sa mise en œuvre ne nuira pas à l'intérêt du client. L'objectif correspond alors à une sorte de boussole permettant de s'assurer que l'on avance dans la bonne direction.

Déterminer une ligne de défense en fonction de l'objectif fixé

> Tous les avocats le savent. Une fois le fil d'Ariane trouvé, le dossier le plus opaque cède et ce qui paraissait inexplicable s'éclaire soudain de la grande clarté d'un raisonnement logique[19].

Ce sujet soulève une question centrale : qui est à l'initiative de la stratégie, est-ce le client ou l'avocat ? Pour le procès de rupture, c'est assez simple, si la stratégie est portée par l'avocat, elle est en revanche incarnée et le plus souvent proposée par le client. Marcel Willard le confirme dans son ouvrage consacré au procès de Leipzig : « Pour bien suivre la ligne de Dimitrov, il est nécessaire de se rappeler clairement les objectifs que se proposait l'ennemi en montrant, après la provocation de l'incendie, la provocation du procès. Ces objectifs, Dimitrov les énumère lui-même dans la *Pravda* du 4 mars 1934[20]. »

René Floriot, en revanche, était très hostile à ce que la stratégie d'un dossier émane du client : « Ce qu'il y a de plus dangereux dans les idées des plaideurs, c'est qu'ils finissent par vous les faire admettre. On leur dit la première fois : c'est puéril ; la seconde : ce n'est pas très sérieux. La troisième : c'est tout de même difficilement plaidable… Pour finir souvent par capituler et c'est la catastrophe. Car les juges n'ont pas été soumis à cette longue préparation, et leur surprise, empreinte de désapprobation, vous rappelle brutalement, mais trop tard, votre réaction initiale[21]. »

Il y a évidemment un équilibre à trouver car, d'un côté, le client a la clé de la compréhension du dossier et, de l'autre, l'avocat sait reconnaître les incohérences et invraisemblances qui sauteront ensuite aux yeux des juges. C'est donc de l'articulation de ces deux visions que la stratégie émergera. Mais, pour trouver ce fil d'Ariane, toute stratégie de défense repose sur un travail de comparaison, d'adéquation, voire parfois de séparation, entre la vérité d'un homme et la vérité judiciaire. Or le justiciable a une vision des faits qui lui est propre. Dans certains cas, elle s'accorde parfaitement avec les éléments du dossier, mais c'est rare. Dans la plupart des situations, il existe des zones de dissonance, voire de complète opposition, entre la vérité du justiciable (sa perception, sa compréhension, ce dont il se souvient et ce qu'il a oublié) et la vérité telle qu'elle ressort du dossier (les témoignages, la chronologie, le plan des lieux, les expertises, etc.).

Dans le travail de confrontation qui doit être mené, il est nécessaire pour l'avocat d'avancer de la manière la plus impartiale qui soit, pour ne pas se laisser influencer ni dans un sens hostile au justiciable ni dans un sens trop favorable. Il faut rester suffisamment ouvert pour accepter d'investiguer d'autres pistes que celles qui semblent s'imposer à première vue. J'ai conservé intacte et comme une leçon le souvenir d'une affaire d'escroquerie reposant sur l'existence de fausses lithographies dans laquelle, après avoir lu le dossier de l'enquête, non seulement j'étais convaincue que la condamnation était la seule issue possible, mais, de surcroît, toutes les voies que j'imaginais pour essayer d'expliquer ou d'éclairer les faits reprochés m'apparaissaient vaines et peu crédibles. C'est en rencontrant le client, et sa conviction toujours intacte d'avoir eu affaire à des lithographies authentiques, qu'un autre regard est devenu possible. L'élaboration d'un travail de recherche poussé sur les éléments artistiques, techniques et juridiques au cœur du dossier a permis de soutenir cette version des faits, et l'affaire s'est finalement soldée par une relaxe générale. Depuis lors, quand un dossier me paraît trop mauvais, je me méfie d'abord de moi et de tout ce qui peut masquer une défense possible.

Pour autant, il est au moins aussi important de savoir reconnaître lorsque la version du justiciable est manifestement impossible à soutenir. Dans ce cas, le rôle de l'avocat est d'expliquer au client pourquoi la ligne est intenable, de le confronter sans détour à la réalité du dossier et d'en questionner une autre. Dans certains cas, c'est de cette confrontation que certains éléments de défense apparaissent enfin. Mais, si le justiciable persiste à tenir une ligne de défense que l'avocat considère comme intenable, il devient absolument nécessaire de suggérer un changement de conseil. Cela peut paraître paradoxal, mais dans certaines situations, rares, dans lesquelles le justiciable reste très peu accessible à la réalité, c'est le seul bon conseil que l'on puisse donner. En espérant une réaction constructive du justiciable ou une autre vision du dossier par le confrère qui nous succédera.

En deçà de cette situation assez extrême, comment se comporter avec les faiblesses du dossier ? Faut-il les cacher, les éviter ou à l'inverse les affronter ? Un réflexe assez naturel consiste à éviter de parler de ce qui fâche. En matière judiciaire, si c'est un sujet important, ce calcul risque fort d'être mauvais car l'accusation s'en servira nécessairement, et le juge sera surpris de s'apercevoir que ce point a été passé sous silence par la défense. Il sera toujours préférable d'affronter la faiblesse identifiée afin de l'expliquer et de la contextualiser avec l'objectif de la neutraliser au maximum. Pour autant, il ne faut pas non plus en faire le sujet central au risque de lui donner trop d'importance, voire de donner des idées à l'accusation.

Une fois la ligne de défense trouvée, la présentation des faits va faire entièrement partie des moyens mis en œuvre pour atteindre le but fixé par la stratégie. C'est ce qu'André Toulemon nomme « narration probante », qui consiste à « analyser l'événement en exposant chacun des faits qui le composent, en paraissant le raconter uniquement pour le faire connaître, mais toutefois, en présentant chaque détail de telle sorte que, à tout moment du récit, soit suggérée la conclusion à laquelle on veut amener l'auditeur[22] ».

Élaboration du plan stratégique et mise en œuvre opérationnelle

À ce stade, le nœud du dossier est identifié, la ligne de défense est tracée, et l'objectif est clair. Il faut désormais passer à l'exécution de la stratégie, c'est-à-dire la rendre opérationnelle, faire un plan en choisissant les tactiques ou les techniques qui s'adapteront au mieux aux besoins de la stratégie générale.

Aucune règle immuable n'existe, aucun précédent n'est exactement identique et, face à une réalité changeante, « la stratégie se doit de procéder sur des hypothèses et de créer ses solutions par de véritables inventions[23] ». Malheureusement, sur ce terrain, on apprend autant, voire plus de nos erreurs que de nos succès. Et je crois toujours très utile, sans goût particulier pour l'autoflagellation, de prendre le temps d'analyser ce qui n'a pas fonctionné et pourquoi cela n'a pas fonctionné. Et, de la même manière que nous testons nos arguments de plaidoiries sur ceux qui nous entourent, les choix à faire pour répondre aux besoins de la stratégie d'un dossier s'enrichissent toujours des échanges que l'on peut avoir entre confrères.

Il s'agit en effet et avant tout d'une forme de dialectique[24]. Il faut essayer de prévoir les réactions adverses possibles à chacune des actions envisagées et se donner la possibilité de parer à chacune d'elles à partir d'une confrontation entre les vulnérabilités de l'adversaire et nos possibilités, sans jamais perdre de vue notre objectif. C'est sans doute l'un des exercices les plus intéressants qui soient dans l'élaboration de la stratégie, car un plan bien fait doit permettre de limiter au maximum l'aléa et, selon les mots du général Beaufre, pourrait même aller jusqu'à permettre de « conduire les événements au lieu de les subir ».

Dans *Le Fil de l'épée*, le général de Gaulle écrit que « l'action, ce sont les hommes au milieu des circonstances ». Cette maxime s'applique entièrement à la réflexion stratégique de l'avocat qui doit avant tout rester ancrée dans l'action, véritable « praxéologie » ou science de l'action, afin de ne pas être figée, de choisir le bon *momentum* et de pouvoir s'adapter en permanence aux circonstances qui se présentent à lui, y compris pour savoir renoncer lorsque cela est nécessaire. Quelques exemples de questionnements :

- En matière de détention provisoire, décide-t-on de déposer des demandes de mise en liberté en cascade ou décide-t-on d'en conditionner le dépôt à la survenance d'un événement attendu ? Il y a au moins trois raisons valables de déposer des demandes de mise en liberté sans les conditionner à un événement particulier. La première est de soutenir le moral du justiciable ; la deuxième est d'adresser un message de combativité et de contestation des charges à l'institution judiciaire ; la troisième est d'obtenir une « grille de lecture » des raisons de la détention qui permettra ensuite un appui pour les prochaines demandes de mise en liberté (attente de certaines auditions, attente de la réalisation de tel ou tel acte, etc.). La persévérance et la cohérence dans la ligne de défense, doublées de la réalisation des conditions annoncées dans une précédente décision donnent souvent de bons résultats.
- Décide-t-on d'investir la phase contradictoire du règlement de l'instruction ou décide-t-on de délaisser ce terrain ? Il est très difficile de donner une réponse générale. En simple logique, il ne devrait pas exister de retenue à saisir toute occasion de convaincre son juge, et la phase contradictoire de l'instruction n'y déroge pas. Toutefois et par exception, dans certaines situations cela ne semble pas adapté. Par exemple, lorsque le dossier est difficile, que les moyens de défense sont particulièrement limités et que l'on sent qu'il n'existe aucune chance d'infléchir la juridiction d'instruction, dévoiler sa défense trop en amont risque de l'affaiblir. Il vaut mieux ménager un effet de surprise pour l'audience avant de tirer ses cartouches.
- Est-ce le rôle de l'avocat de demander devant le tribunal correctionnel qu'il soit procédé à tout acte « nécessaire à la manifestation de la vérité » ? C'est ce que permet l'article 388-5 du Code de procédure

pénale en donnant aux parties la possibilité de demander au tribunal, y compris avant l'audience directement à son président, de pallier le manque identifié dans la phase procédurale de l'enquête. Pour autant, est-ce le rôle de l'avocat de compléter ou de parfaire l'enquête ? Évidemment non, si l'enquête est incomplète et ne permet pas de retenir avec certitude une culpabilité, le tribunal devra en tenir compte et relaxer. En revanche, lorsque l'enquête n'est réalisée qu'à charge, que le dossier est tronqué et que, si l'avocat n'agit pas, la condamnation est incontournable, alors ce moyen d'action doit être envisagé. C'est un moyen qui présente des risques car il y a une grande part d'inconnu lorsque l'on demande la réalisation d'actes qui pourront ne pas être favorables (une expertise par exemple). Mais, lorsque le péril est certain, c'est parfois la seule voie d'action possible pour permettre de répondre au nœud du dossier. Elle se manie en deux temps, d'abord en devant convaincre le tribunal du caractère tronqué et déloyal de l'enquête et de la nécessité d'ordonner les actes demandés ; ensuite en tirant les conséquences des actes réalisés dans la défense au fond. Cette voie d'action s'emploie donc avec mesure et en ayant conscience des risques, mais elle est porteuse d'efficacité.

• Dans une démarche proche, toute partie peut faire citer les personnes qu'elle souhaite devant le tribunal ou la cour d'assises, sans avoir à demander l'autorisation à quiconque. Là encore il s'agit d'une prise de risque, on ne maîtrise pas le témoignage qui sera apporté. Lorsqu'on l'envisage, il faut informer le justiciable des risques, avoir son accord et préparer minutieusement les questions qui seront posées au témoin, en particulier lorsqu'il s'agit d'un témoin à charge dont l'audition sera déterminante. Bien employée, cette méthode peut apporter des résultats spectaculaires. Sans doute parce que « le couronnement de la défense, c'est le passage rapide et puissant à l'attaque[25] », l'adversaire ne voit pas venir le danger, et, une fois le témoignage décisif apporté, le dossier s'effondre.

Ces quelques exemples de questionnements ont en commun de montrer à la fois le doute qui doit étreindre l'avocat qui détermine la mise en œuvre concrète de sa stratégie et en même temps la particularité presque unique de chaque affaire. Il faut se méfier des « modes » procédurales, qui peuvent nous tenter après avoir vu un confrère s'y employer avec succès, mais qui ne sont pas nécessairement adaptées à notre dossier.

Trois points d'attention méritent enfin d'être soulignés. Le premier est de toujours garder à l'esprit la place du justiciable que l'on défend dans le dossier. Si c'est un « petit » : ne pas lui faire occuper, y compris par notre manière de défendre, une place plus importante. À l'inverse, lorsque le mis en cause principal n'occupe pas sa juste place, c'est toute l'affaire qui en pâtira. Le deuxième point est de prêter attention à la faiblesse de l'adversaire. Paradoxalement, cela peut être une difficulté parce qu'en pareille hypothèse cela peut générer un réflexe de protection chez le juge qui va en quelque sorte « se commettre » pour celui qui est mal défendu. Attention donc à ne pas accabler un adversaire trop fragile. Les mots de Pierre Bellet, ancien premier président de la Cour de cassation, sont à ce titre très éclairants : « Quand une plaidoirie est trop convaincante, je suis porté à me méfier. Quand une plaidoirie est nulle, et ce n'est pas rare, le juge est tenté de venir au secours de ce plaideur mal défendu… Le juge cherche ce qui peut soutenir cette cause qui ne fut pas vraiment soutenue à l'audience[26]. »

Enfin, le troisième point est de garder à l'esprit la stratégie de l'accusation consistant à tenter de diviser la défense ; et d'y résister au maximum en se souvenant de la formule de Paul Lombard « quand la défense se divise l'accusation se renforce[27] ».

À l'issue de ce chapitre, une question reste en suspens. Jusqu'où peut aller la stratégie dans le domaine judiciaire ? Dans la mesure où celle-ci apparaît comme une compétence indispensable de l'avocat pénaliste, lui permettant de porter son action à hauteur des enjeux du justiciable et de la mission que la société lui a confiée, aucune limite ne semble en principe s'y opposer.

Selon les mots de Sun Tzu : « Tout l'art de la guerre repose sur la duperie. » Et, pour rester dans la stratégie militaire, Clausewitz reconnaît lui aussi que l'emploi de la ruse est admis dans la mesure où, à la différence de la tromperie, la ruse « laisse sa victime s'enferrer elle-même, et ses erreurs se combiner soudain en un effet unique qui renverse une situation sous ses yeux[28] ».

En matière judiciaire, l'emploi de la ruse n'est pas inconnu, et on se souviendra par exemple de Jean-Louis Tixier-Vignancour utilisant ce procédé pour obtenir l'amnistie de Céline, en sollicitant cette mesure auprès du magistrat responsable, évoquant son client comme « un petit client... un purotin qui a pris un an de contumace[29] ». Le magistrat lui demande le nom de son client, Tixier-Vignancour répond : « Louis Destouches... un minable », et le magistrat signe l'amnistie, ne sachant pas qu'il s'agissait de Céline.

L'anecdote fait sourire, mais elle pose une question sérieuse. Jusqu'où peut aller l'emploi de la stratégie ? Quelle est sa limite ? La réponse se trouve dans l'éthique revendiquée dans laquelle s'inscrit notre mission et dans une déontologie qui ne tolère aucun écart. Ainsi, l'avocat s'interdira, pour atteindre le résultat souhaité, d'user de procédés malhonnêtes et de compromettre le principe de loyauté de la défense.

Au-delà de ces principes, l'emploi de ce type de procédés paraîtrait de surcroît fort peu habile d'un point de vue stratégique, en provoquant le discrédit sur celui qui s'y emploie, comme le soulignait Maurice Garçon : « On gagne toujours à discuter loyalement, et c'est une erreur de croire qu'on peut tenter de tromper impunément. Il y a tout à gagner à marquer ce qu'on dit du sceau de l'honnêteté, et l'on acquiert d'autant plus d'autorité qu'on parvient à faire comprendre, dès le début, qu'on ne cherche pas à induire en erreur, mais qu'on se propose d'aider à découvrir la vérité. On n'attache aucune valeur aux paroles de l'avocat qui essaie de soutenir l'impossible et, si même il se glisse dans ses explications quelque argument sérieux, on n'y prête pas attention. S'il fait illusion à un jour, il perd ensuite son crédit. Lorsque ceux qu'il a dupés s'aperçoivent de la fraude, de ce qu'il dira plus tard n'inspirera plus confiance[30] ».

Propos libre sur la stratégie

par Christophe Bass

Les lignes qui précèdent sont d'une grande richesse tant elles posent des mots précis et justes sur un mot par ailleurs tellement décrié. Avec la précision de l'horloger, sans ne rien taire du sujet ni renoncer à explorer le moindre détail, Capucine Lanta de Bérard nous livre une véritable autopsie de l'un des outils de l'avocat pénaliste et nous montre que, loin d'être un gros mot, la stratégie est l'essence même du procès équitable. Rien n'est plus nécessaire à la défense que la stratégie.

Pourtant rien n'est plus difficile à déterminer et à mettre en œuvre. Les quelques exemples de mise en œuvre opérationnelle qui sont évoqués dans ce chapitre contiennent toute la mesure de la difficulté afférente à la stratégie. Poser une stratégie impose de considérer en même temps de multiples critères imbriqués dans un système en mouvement constant où chaque pièce déplacée fait bouger toutes les lignes du système, certaines significativement, d'autres d'une simple vibration imperceptible. La conceptualisation de tous ces critères pour aboutir à leur maîtrise est un art : l'art de la défense pénale. Un art qui demande beaucoup de rigueur et beaucoup d'expérience, celle accumulée par la prise en compte de nos succès autant que de nos erreurs au fil des ans et des procédures, et celle que nos anciens nous ont transmise et que nous transmettons au quotidien à notre tour à tous les jeunes avocats qui derrière nous se dressent et prennent la relève. Ce n'est pas un hasard si l'art de la guerre éclaire à ce point l'art de la défense pénale. On mène dans les tribunaux de vrais et rudes combats qui, d'un côté ou de l'autre de la barre, laissent de lourdes blessures aux justiciables et des traces indélébiles sur leurs avocats.

Au contraire de l'art de la guerre cependant, l'art de la défense pénale trouve une limite infranchissable : elle ne repose pas sur la duperie. Tous les moyens ne sont pas bons pour gagner car, contrairement à la guerre, ce n'est ni un camp ni l'autre qui l'emporte à la fin ; le seul gagnant est la justice telle qu'elle est pensée dans l'État de droit, c'est-à-dire celle rendue au terme d'un procès équitable dans le respect des droits de l'homme.

Il n'existe jamais aucune bonne raison, au nom d'aucune bonne conscience, pour renoncer à nos principes fondamentaux et nous détourner de notre obligation de loyauté. Si cette règle me semble évidemment devoir être

respectée par les avocats, elle doit assurément l'être aussi par les enquêteurs, les experts et les magistrats du parquet comme ceux du siège. Il s'agit là d'une valeur qui nous est commune.
Quand cette limite est respectée par tous les acteurs du procès pénal, la stratégie pénale n'est jamais un stratagème.

CHAPITRE 12

La plaidoirie

par Denis Fayolle

« Maître, vous avez la parole. »

Mais d'abord, le silence. Ces cinq mots du président résonnent encore, et annoncent le début de la fin : la plaidoirie de la défense.

Évidente à circonscrire sur un plan procédural, comme le moment où s'exprime l'avocat de celui qui est jugé, il est impossible d'en définir la vraie nature, comme l'a résumé Henri Leclerc : « La plaidoirie est une chose étrange, qui n'est ni la tirade du comédien, ni la leçon du professeur, ni le discours du tribun, ni l'oraison du prêtre, mais sans doute un peu de tout cela, et encore bien autre chose [1]... »

« Maître, vous avez la parole. » Mais à quelle fin ? Défendre. Notre objectif est d'éviter ou d'atténuer une condamnation, avec un seul outil, la parole. Le problème auquel nous devons alors répondre est à la fois simple et complexe : comment former une parole qui permette d'échapper à l'accusation ?

Loin d'être l'œuvre de prestidigitation imaginée au café du commerce, la plaidoirie est le fruit d'un double travail de réflexion et d'adaptation. S'il apparaît nécessaire de préparer son propos, il est indispensable de s'adapter à l'audience. Picasso avait ainsi confié à Roland Dumas [2] qu'une plaidoirie, c'est comme un tableau : composition et inspiration... Tout l'enjeu pour l'avocat réside donc dans la recherche d'une inspiration utile à la défense de son client, issue de sa réflexion, puis de son souci permanent de l'adaptation. Mais d'abord, du silence, d'où procède l'avocat, et qui précède ses premiers mots.

Le silence

« Maître, vous avez la parole. » Généralement, le premier réflexe d'un avocat consiste à répondre sur-le-champ à cette invitation et, après un « Madame, monsieur le président, mesdames, messieurs du tribunal ou de la cour » expédié en guise d'exorde, à commencer un monologue débité dans une apnée physique et mentale. Après quelques secondes d'attention, j'ai toujours vu le nez des juges et autres spectateurs judiciaires ordinaires replonger. La défense devient alors impuissante, car même le meilleur des arguments ne parvient pas à rentrer dans une oreille fermée.

« Maître, vous avez la parole. » Mais d'abord, le silence. Laisser un temps. Si l'avocat doit savoir prendre la parole quand on ne la lui donne pas, il doit aussi savoir attendre qu'elle lui soit enfin donnée. Car, juste avant sa plaidoirie, le silence est la défense parfaite. Celle qui ne commet jamais d'erreur ; il ne s'agit pas d'un silence centré sur soi, du temps mort d'une *prima donna* qui voudrait faire remarquer son entrée en scène, mais d'un silence pendant lequel nous allons reprendre nos esprits, nous concentrer et rompre l'instant. Le silence présente en effet trois vertus évidentes.

Tout d'abord, le silence permet de marquer un temps d'arrêt dans les débats, une respiration, alors que la défense est seule contre tous. Le prévenu et surtout l'accusé sont déjà accablés par ce qu'on leur reproche, et je n'ai pas encore connu de procès qui tourne à leur canonisation. Le silence permet ainsi d'édifier un mur entre la plaidoirie de la défense et tout ce qui l'a précédée, afin de faire comprendre que la défense ne s'inscrit pas dans une continuité attendue, qui serait la suite logique des débats, avec un enchaînement immédiat et prévisible de la parole. Par le silence survient ainsi une respiration, physique et mentale, indispensable tant pour celui qui va plaider que pour ceux qui vont l'écouter.

Ensuite, le silence permet d'instaurer une solennité. Cette solennité est capitale : pour que la défense soit respectée, il faut d'abord qu'elle se respecte elle-même, et qu'elle prenne le temps nécessaire afin de se constituer. Ce respect donné à la défense par l'avocat est le plus important, car c'est celui qui dira à tous, par un silence : « Je vais dire quelque chose d'important, et vous allez m'écouter. »

Enfin, le silence nous permet de retrouver une forme de sang-froid, sinon de calme, sans lequel aucune défense intelligente n'est possible, et aucune inspiration ne peut venir. Il faut sûrement être un peu fou pour défendre un homme accablé par tous et espérer renverser le cours des choses par la seule force de quelques mots. Cette illusion qui nous anime lorsque nous préparons le dossier, dans le calme de notre cabinet, se perd souvent dans le tumulte de l'audience, et les tourments du doute nous envahissent alors. Sans l'angoisse de son défenseur au moment de prendre la parole, le client peut d'ailleurs véritablement s'inquiéter... Le silence permet alors de nous concentrer, de nous ressaisir, une fois l'invitation du président formulée : « Maître, vous avez la parole. »

Premiers mots

D'abord, le silence, ensuite la parole naît. Toujours enveloppée de silence : les premiers mots, prononcés lentement, permettent de nous rassurer, de poser notre voix, de nous assurer en premier lieu qu'elle fonctionne. De commencer à trouver notre respiration dans la parole, plutôt que de la chercher frénétiquement ensuite, quand on manquera d'air. Ainsi, les premiers mots doivent être une bouée, qui permet d'apprivoiser la barre, l'espace, les juges, voire les jurés.

Un tour de chauffe est toujours nécessaire, et je n'ai jamais vu un bon avocat précipiter le début de sa plaidoirie ; au contraire, il impose sa temporalité comme on construit un château de cartes : avec minutie et précaution. Les premiers mots doivent nous permettre de saisir physiquement ceux que l'on veut convaincre, d'aller les chercher, pour les emmener au bout de notre argumentation. Ces mots doivent être dits nettement mais doucement afin de forcer l'écoute, de contraindre à tendre un peu l'oreille, de réveiller l'assesseur qui somnole, et de faire taire la salle qui bruisse.

Ces premiers mots doivent créer, à l'intérieur des interlocuteurs, un silence, le seul permettant d'être écouté, condition indispensable pour espérer être entendu. Sans cette préparation du silence, extérieur, d'où naît la parole, et qui fait naître un silence, intérieur, en celui qui écoute, il n'est pas possible d'être convaincant ; de la même manière qu'un cuisinier ne travaille pas sur un plan de travail avec des épluchures de légume et des restes de farine, un avocat ne peut pas travailler dans un silence qui n'est pas de qualité. Tout l'enjeu de la plaidoirie va être d'imposer puis de conserver ce silence.

Développement de la réflexion

Une fois le silence établi, nous pouvons commencer à développer notre propos. Ce propos est toujours l'alliage de deux composantes, dont la première est notre réflexion, survenue tant à la lecture du dossier qu'à la rencontre de notre client. Si l'avocat est bon, il serait tentant, tant son propos est fluide, de croire qu'il n'est que pure inspiration ; toutefois, ce propos procède généralement d'une préparation, d'un travail de l'ombre. En premier lieu, à la lecture du dossier, nous allons penser à l'audience, à la manière dont l'affaire pourrait être appréhendée par le président et les parties. Grâce à ce travail, nous allons pouvoir définir les axes de défense : déterminer les arguments juridiques et factuels, identifier les éléments les plus délicats pour mieux les contrer. En second lieu, à la rencontre du client, l'avocat va réfléchir afin de deviner l'homme, ce qui est une nécessité, car défendre, c'est toujours défendre une personne. Plaider, c'est parler d'elle, afin de redonner un visage à un numéro de dossier. Restituer une personnalité, telle qu'elle ne pourra jamais apparaître à un magistrat, condamné à préparer les dossiers dans son bureau, sans jamais pouvoir entrevoir les prévenus ou les accusés, si ce n'est à travers des procès-verbaux de garde à vue, d'interrogatoire, ou la vitre déformante d'un box. Réfléchir à une enfance, des larmes, des joies, des faiblesses, des parents, un amour enfui... Tout ce qui peut surgir au détour d'un parloir, ou lors d'un rendez-vous avec la famille. Plaider cette part d'humanité, qui nous est commune à tous et qui permet de s'identifier avec la personne, c'est parfois même notre seule mission, quand la défense paraît impossible. Rencontrer son client, c'est aussi se confronter à son point de vue, afin de bousculer ses propres certitudes et préjugés, car il faudra sans doute après bousculer ceux des juges.

Ainsi, remettre en cause toute vision immanquablement héritée de sa propre vie, afin de combattre le prêt-à-juger, trop souvent proposé dans les salles d'audience, tant par le ministère public que par les juges du siège : « Moi, ma fille de 15 ans, elle ne pourrait pas être totalement ivre sans qu'on l'ait forcée à boire... » Plaider pour un homme, c'est bien sûr parler de lui, mais c'est aussi parler de la vie, de la sienne évidemment, mais aussi de la nôtre, et de la vie de ceux qui doivent le juger, parce que toute plaidoirie doit tendre à rapprocher l'homme dans le box de ses juges, qui en sont parfois tellement éloignés.

Après avoir nourri cette réflexion, il convient de l'ordonner. Hiérarchiser les arguments, en ayant toujours à l'esprit que leur force doit épouser la même règle que pour la voix : *crescendo*. Il peut être utile de fixer sa pensée par écrit, afin d'extraire l'argument de l'intuition, et de le ciseler dans une formulation limpide. Le travail d'écriture pourra ainsi faciliter la clarté et la fluidité de la plaidoirie, qualités dont elle ne doit jamais être dépourvue. Le conseil généralement donné aux jeunes avocats est d'écrire intégralement leur plaidoirie, qui ne sera jamais celle plaidée ; il faudra oublier cette plaidoirie chez soi, et surtout ne pas l'apporter au palais pour la dire, ou, pire, la lire, au risque de s'entendre dire par un bâtonnier taquin : « Belle plaidoirie, confrère, quel dommage que vous n'ayez pas assisté à l'audience. » Un simple plan permettrait de ne pas oublier l'essentiel tout en conservant une liberté dans le propos. Sur ce plan pourront être inscrits d'une encre différente et pas encore sèche les mots de l'accusation ou de la partie civile, qui nous auront fait réagir, et qui méritent une riposte, car une plaidoirie, c'est toujours une réponse : à un réquisitoire, à une partie civile, à une audience...

Adaptation de la réflexion aux débats

La seconde composante de la plaidoirie en défense, c'est bien évidemment l'audience. La plaidoirie ne peut pas être déconnectée de l'audience ; bien au contraire, l'audience est le substrat de la plaidoirie, qui doit absolument s'y référer, de la même manière que les débats doivent déjà nous permettre de préfigurer la plaidoirie à venir.

Pendant les débats, nous devons ainsi amorcer notre plaidoirie par nos interventions. L'avocat doit adapter le terrain judiciaire, par ses questions ou par ses interventions, afin de retourner la terre dans laquelle il plaidera. La plaidoirie de la défense, qui constitue l'ultime phase des débats, est ainsi nécessairement un aboutissement. Je n'ai jamais vu un acquittement prononcé sur la seule grâce d'une plaidoirie, mais, chaque fois, la plaidoirie a été le point de bascule et l'aboutissement d'un travail commencé pendant les débats. Cette règle, incontournable aux assises, et incarnée par Éric Dupond-Moretti, est également valable en correctionnelle. Je me souviens ainsi d'une audience, dans une affaire de violences aggravées, où le président croyait pouvoir préciser à propos d'un témoin à charge : « C'est un témoin parfaitement objectif. » Or ce témoin avait été entendu, pendant l'enquête, sous le régime de l'audition libre, lui-même soupçonné de violences après la plainte du prévenu. Il ne fallait pas attendre, à mon sens, la plaidoirie pour rappeler au président et apprendre aux assesseurs le véritable statut de ce témoin « objectif » au moment de sa déposition. La terre était ainsi préparée. Ne restait alors, pendant la plaidoirie, qu'à river le clou : en rappelant que l'avocat qui avait assisté ce témoin parfait, lors de son audition libre, était le même qui intervenait pour la partie civile, à l'audience. Nul besoin alors de longs développements pour plaider l'absence d'objectivité de ce témoin... À cet égard, s'agissant des interventions d'audience, préalables à la plaidoirie, elles me semblent obéir à des règles spécifiques : elles doivent casser le rythme de l'audience, être inattendues, spontanées, et directes, car l'avocat doit savoir prendre la parole qui ne lui est pas donnée, comme un passager clandestin saute dans le wagon d'un train déjà en marche.

Après les débats, nous devons adapter notre plaidoirie à l'audience. À l'issue des débats, la plaidoirie doit s'adapter à l'audience, pour ne jamais apparaître décalée. Notre principal travail consiste alors à faire le tri, et donc à éliminer beaucoup de choses que l'on aurait aimé dire. En fonction du déroulement des procès, qu'il soit correctionnel ou criminel, ce travail peut se faire dans l'urgence, parfois même en quelques minutes, voire en quelques secondes.

Une plaidoirie n'est en effet jamais une encyclopédie de la défense : il ne s'agit pas de restituer, même ordonnés, l'ensemble des éléments utiles du dossier et de l'audience. Nous ne devons pas oublier que le temps d'une écoute de qualité n'est pas illimité (je ne pense pas qu'elle soit bien supérieure à 45 minutes...). Il faut donc renoncer, et ne garder que le strict nécessaire. Tel témoin était suffisamment marquant pour qu'un mot suffise pour appuyer notre propos. Tel incident, virulent, a crispé les débats. Nous devrons alors nécessairement revenir dessus plus amplement, de manière apaisée et pédagogique, afin que chacun en comprenne la portée : « Si j'ai refusé de passer outre l'audition de cet expert, si j'ai même formulé des conclusions pour faire renvoyer le procès en son absence, c'est parce que la portée de son expertise était considérable, et qu'elle imposait un examen contradictoire, etc. » De plus, on ne doit jamais occulter ce qui nous embarrasse dans notre défense, car, lorsque l'on croit pouvoir mettre la poussière sous le tapis, elle nous sera vidée sur la tête lors du délibéré. Il faut au contraire systématiquement revenir sur ce qui a gêné, et tâcher d'y répondre. Expliquer qu'un menteur n'est pas nécessairement un coupable. Qu'une réponse choquante ou déplacée peut s'expliquer par un champ lexical limité. Il convient d'accorder la place qu'on estime juste à chaque argument, à la lumière de l'audience.

L'étape déterminante qu'est la composition de la plaidoirie s'achève par une métamorphose. Si nous étions encombrés pendant tout le procès des nombreux tomes de procédure empilés sur notre bureau, nous n'emportons pour notre plaidoirie que quelques légers feuillets. Cette légèreté nous permettra de nous adapter encore si un imprévu devait survenir alors même que l'on a commencé à plaider.

Cela arrive plus souvent qu'on ne se l'imagine, et je me souviens notamment d'une audience devant la cour d'assises où je plaidais l'acquittement pour une femme accusée de meurtre. L'avocat général venait juste de requérir une peine de vingt années de réclusion criminelle. Je commençais à plaider, à introduire à peine mon propos, quand, soudainement, je suis interrompu par un cri déchirant suivi d'un grand bruit dans le box. Ma cliente s'était évanouie. Suspension d'audience, arrivée des pompiers, etc. Quarante-cinq minutes après, l'accusée est revenue à elle, l'audience a pu reprendre. « Maître, vous avez la parole. » Je ne pouvais évidemment pas reprendre mon propos là où je l'avais laissé, ni même suivre le chemin tracé avant la suspension. La perte de connaissance de ma cliente était encore dans l'esprit de tous, et je ne pouvais pas être le seul à l'ignorer. Ce malaise constituait d'ailleurs la meilleure des réponses aux vingt ans réclamés contre celle qui clamait son innocence, mais qui ne maîtrisait ni ses mots ni ses émotions, et dont on avait remis en cause l'authenticité pendant les débats. Il me fallait ainsi intégrer cet événement, pour l'expliquer, et reprendre ma plaidoirie, en l'adaptant à cette nouvelle circonstance. Loin d'être un exercice déconnecté, la plaidoirie doit au contraire reconnecter les juges à la réalité d'un instant.

Adaptation de la plaidoirie à l'écoute des juges

Si nous devons parfois nous adapter à un événement au cours de notre plaidoirie, nous devons toujours nous adapter à l'écoute de nos juges. En effet, l'inspiration de la plaidoirie doit survenir, au moment même où l'on plaide, face à ses juges. Malheureusement, l'inspiration n'est pas un de ces génies issus des contes des *Mille et Une Nuits*, qui sortirait d'une lampe frottée avec enthousiasme. Toutefois, s'il n'est pas possible de la convoquer, il est possible d'identifier quelques grands principes généraux, qui permettront cette inspiration ou, plutôt, qui ne l'empêcheront pas. Avec, en ligne de mire, le postulat essentiel selon lequel la plaidoirie est un exercice individuel qui se pratique toujours à plusieurs. En d'autres termes, il faut plaider de manière à intégrer l'autre dans son discours, pour ne pas plaider pour lui, mais pour plaider avec lui.

Plaider avec ses juges, c'est en premier lieu, plaider dans leurs yeux. Le mot « plaidoirie » est un descendant du mot latin *placere*, qui veut dire « plaire ». Pour plaire, il faut commencer par regarder celui que l'on veut convaincre. Un avocat doit plonger ses yeux dans ceux des juges ; afin de pouvoir convaincre un juge ou un juré, il faut le regarder écouter. Ce n'est plus le moment pour regarder le dossier ou même ses notes ; il faut être attentif à tout ce qui ne peut plus être dit mais qui s'exprime par un froncement de sourcil, une moue, ou un sourire. Ce regard permet ainsi de comprendre les arguments qui fonctionnent, ceux qui laissent indifférent, voire ceux qui suscitent la réprobation.

Dans la mesure où le but est de convaincre, il s'agit de maintenir un lien avec ses juges, afin de les séduire et de les emporter. Il s'agit de cheminer avec eux, sur le moment, et non de leur réciter un texte préconçu, qui sent la bougie à la lueur de laquelle il a été écrit, et dont la conclusion prévisible figure déjà dans l'introduction.

C'est à force d'observation que l'on comprend si son propos est partagé, et que l'on peut donner à sa plaidoirie les orientations qui s'imposent. Lorsque Robert Badinter décrit les leçons de son maître Henry Torrès dans *L'Exécution*[3], il prend la métaphore du marin qui sent ou non la mer pour décrire l'avocat d'audience. Celui qui sait sentir la mer, et qui sait quand partir et quand s'arrêter, peut prendre la mer. Ceux qui restent bloqués dans leurs cartes et boussoles « finiront toujours la quille en l'air ». Nous constatons parfois que tel argument, qu'on croyait pourtant imparable, n'emporte pas l'adhésion imaginée, au visage impassible des juges, qui ne sont absolument pas traversés par l'éclair espéré. Il s'agit alors de sentir la mer. Soit il convient de reprendre l'argument, et de le présenter de manière plus pédagogique, et sans doute plus complète. Soit il convient au contraire de l'écourter, pour développer tel autre argument, imaginé plus fragile, mais qui, dès son énoncé, a en réalité retenu l'attention des juges. De telles règles sont non écrites, empiriques, et nécessitent davantage d'instinct que de raison. Le navigateur doit faire un choix, quelquefois sans jamais savoir s'il est le bon. Le doute que nous plaidons souvent nous épargne rarement...

Plaider avec ses juges, c'est en second lieu s'adapter à leur rythme. Pour cheminer avec nos juges, chaque phrase doit être prononcée comme si nous venions de la concevoir. L'exercice s'apparente à de la création, et non à de la récitation. Il s'agit de choisir un mot. Puis un autre. Capitaux pour notre défense. Tout à coup, accélérer sur un rappel de la procédure, puis enchaîner plus lentement sur quelques dates clés. Ajouter si possible une touche humoristique, cette respiration de l'intelligence qui pourra révéler l'absurdité d'un élément à charge. Ralentir pour développer un propos juridique particulièrement technique.

Plaider avec force, pour pulvériser le mensonge d'un témoin, fondement principal à l'accusation. C'est toujours le fond du propos qui inspire le souffle d'une plaidoirie. Il n'est donc nul besoin de surjouer telle modulation, car nos mots, notre voix, notre débit doivent accompagner naturellement notre propos. C'est grâce à ce naturel que surviennent même parfois d'irrationnelles et miraculeuses inspirations. Comme par magie surgit alors, au détour d'une phrase, un argument jamais envisagé auparavant, une idée jamais conçue, alors même que nous ruminons le dossier depuis des années.

Notre propos doit en outre toujours être entrecoupé de silences, afin de ne pas noyer nos juges, et de mettre en valeur nos arguments les plus forts. Nous devons toujours essayer de rester en phase avec nos interlocuteurs, cheminer ensemble, au même rythme, et savoir nous corriger quand nous nous sentons seul. La plaidoirie doit toujours, en effet, rechercher un écho. Les juges doivent renvoyer la balle que nous leur adressons par un regard, une écoute, ou une attitude.

Sans cette interaction entre l'avocat et ses juges, la plaidoirie ne décolle jamais, et nous restons au sol. Ainsi, la situation cauchemardesque est de plaider face à ces juges qui confisquent la balle dès le premier échange, et qui n'ont aucune envie d'écouter. Certains de ces sphinx n'accordent pas même l'aumône d'un regard, et sont plus occupés à lire ou même à écrire sur leur ordinateur, apporté à l'audience. Face à des interlocuteurs hermétiques, il est impossible de bien plaider. L'échange confine au monologue. La défense a son fleuret moucheté, tout est inefficace. L'avocat non écouté partage alors le même mal que l'avocat qui s'écoute parler... Dans ces conditions, il convient évidemment de ne pas renoncer, cédant au fatalisme : « De toute façon, ils ne m'écoutent pas. » Tout doit être tenté : l'humour, l'émotion, le décalage. Parfois même la provocation. Et, bien sûr, le silence, encore. Il n'y a pas mieux que le silence, au milieu d'une plaidoirie, pour signifier à chacun qu'il y a un problème, et que ce problème vient du tribunal. Christophe Bass a illustré cette règle, alors qu'il plaidait devant une présidente de juridiction qui rangeait ostensiblement ses affaires, alors même qu'il commençait ses premiers mots. Il s'est alors arrêté de plaider, signifiant ainsi à la juridiction qu'il n'allait pas poursuivre dans ces conditions. Après un silence prolongé, la présidente l'interpelle : « Continuez, maître, la cour vous écoute.

– Non, vous ne m'écoutez pas. Vous êtes trop occupée à ranger vos affaires.

– Je peux faire plusieurs choses à la fois.

– Je n'en doute pas, mais ce n'est pas poli, madame.

– Vous voulez quoi ? Vous cherchez un incident ? Je connais mon métier, ça fait trente-cinq ans que j'exerce comme cela. Je vous écoute.

– Cela fait trente-cinq ans que vous n'êtes pas polie, madame. »

À l'issue de cet échange, il obtint l'écoute que ses confrères n'avaient manifestement pas cherchée pendant plus de trois décennies. On ne doit en effet jamais oublier que les attitudes inacceptables de certains juges se trouvent toujours confortées par nos renoncements.

Derniers mots

À la fin de la plaidoirie, c'est-à-dire au moment où l'on sent que notre propos a été délivré, il s'agit de conclure. À cet instant, nous retournons au silence, et nous lançons dans un questionnement intérieur toujours vertigineux : n'ai-je rien oublié ? Ai-je été assez clair ? Sont-ils toujours là ? Sont-ils déjà las ? Nous sommes cernés entre deux angoisses d'égale intensité : celle de ne pas avoir pas assez dit, celle d'avoir trop dit. Il faut savoir s'arrêter, et éviter les répétitions inutiles.

Il s'agit surtout d'apporter autant de soin aux derniers mots qu'aux premiers. Car ces mots-là sont ceux qui résonneront dans la tête des juges, voire des jurés, quand ils délibéreront. Ces mots-là ne doivent pas être une fin, mais une passerelle vers un nouveau début, celui du délibéré, celui du jugement. Il faut que les juges aient envie de prolonger notre propos dans le délibéré, de se l'approprier, afin de le reprendre, de l'enrichir, de le renforcer. Notre objectif étant que nos arguments de défense se muent, sous la plume du juge, en motifs du jugement.

« L'ai-je bien défendu ? », se demande-t-on toujours lorsqu'on se rassoit. Qu'est-ce qu'une bonne plaidoirie ? Il pourrait y avoir, comme au patinage, une note artistique évaluant la rhétorique, le style, l'éloquence. Comme au patinage, il pourrait également y avoir une note technique récompensant la maîtrise d'une analyse sur la téléphonie, l'ADN, ou les méandres de la loi Fauchon. Toutefois, la qualité essentielle d'une plaidoirie n'est ni technique ni artistique, mais semble reposer sur une autre qualité qui fait de l'avocat un plaideur convaincant. Celui qui veut convaincre doit d'abord être habité par sa propre conviction, et ne pas se figer dans des postures. L'avocat n'a ainsi rien à gagner à répéter à l'envi que son client est innocent, car l'avocat n'est pas témoin. Le plaideur sera beaucoup plus efficace s'il martèle qu'un tel dossier ne permet pas un instant d'envisager la condamnation d'un homme. À la différence de la maîtrise technique ou de l'éloquence, cette conviction et cette authenticité ne nécessitent pas des années de pratique.

Il était ce jeune avocat qui plaidait pour la première fois devant la cour d'assises et qui au milieu de son propos a été gagné par un trou de mémoire. Les jurés et les juges étaient totalement bouleversés par la situation et, par leurs yeux, et parfois même de leurs lèvres, essayaient de lui souffler la suite, de lui rappeler ses dernières phrases. Ce moment de gêne pour le plaideur était le moment où les juges avaient montré qu'ils étaient en phase avec celui, qui, boudé par l'artistique et la technique, avait pourtant acquis la juridiction à sa cause. Les juges et les jurés s'intéresseront toujours davantage à un plaideur perdu mais sincère qu'à celui dont les notes de plaidoiries entassées sur son pupitre ne mobilisent l'attention des juges que pour estimer le temps restant à souffrir, à partir du nombre de pochettes encore en attente.

C'est pourquoi cette force, qui est l'originalité propre de l'avocat et qui ne s'invente pas, ne se fabrique pas, ne se copie pas, mais se découvre en soi-même, est la valeur cardinale du plaideur. Ainsi, certains avocats sont convaincants en ne bougeant pas un membre pendant leur plaidoirie. D'autres appartiennent à l'école déambulatoire, et multiplient les petits pas. D'autres enfin ont besoin d'aller au côté de celui qu'ils défendent, comme pour mieux le soutenir. Certains ont étudié la rhétorique, d'autres s'en moquent ouvertement. C'est pourquoi il n'y a aucune méthode, aucune recette. Le plus difficile est de trouver sa propre personnalité d'avocat, car c'est en elle que naîtra l'inspiration.

On apprend ainsi à plaider comme on apprend à marcher : ni dans un manuel ni dans une salle de classe ; mais dans une salle d'audience, une fois que le ministère public s'est tu. Chaque démarche est différente, mais la seule question qui se pose est de savoir si le marcheur a réussi à atteindre son but ou s'il est resté sur place.

Pour y répondre, il semble exister un critère imparable. C'est le silence. Un silence encore différent de celui qui a précédé nos premiers mots. Un silence qui va cette fois prolonger nos derniers mots. Si, notre dernière phrase à peine prononcée, le président nous a déjà remercié avant de donner la parole à notre client dans une salle agitée, c'est que la plaidoirie n'a jamais su trouver son chemin. Si, en revanche, quand on se rassoit, le monde s'est arrêté, plus personne ne bouge, le silence s'est imposé, c'est que nos mots ont acquis une vie qui leur est propre, indépendante, et qu'ils ne nous appartiennent plus. L'avocat s'est effacé, mais ses mots résonnent encore dans l'esprit des juges et des jurés.

Enfin, le président brise le silence, parfois d'une voix mal assurée, et demande au client s'il souhaite ajouter quelque chose pour sa défense. Le client lui fait signe que non. Le président repart alors en silence avec ses assesseurs, les jurés et même, dans ces moments-là, avec la défense, qui s'est invitée, en réussissant à se faire entendre au-delà de l'audience, jusque dans la salle des délibérés.

Propos libre sur la plaidoirie

par Matthieu Boissavy

Et s'il n'y avait plus de plaidoirie de la défense à la fin d'un procès ? Que perdrait-on ?

Si la plaidoirie a été mauvaise, rien pour les juges et tout pour l'accusé. Une plaidoirie ennuyeuse, trop longue, grandiloquente sans faire naître d'émotions, déplacée et qui n'a pas répondu aux questions que se posent les juges a le don de les agacer et de les fatiguer. Ce qui est rarement profitable pour l'accusé. Mieux aurait valu qu'elle n'eût pas été prononcée. Mais l'accusé n'a-t-il pas le droit à une bonne plaidoirie pour lui ? Oui, mille fois oui.

En revanche, si la plaidoirie a été pertinente ou même excellente, beaucoup serait perdu, tant pour les juges que pour l'accusé, si elle était supprimée. Car une plaidoirie est plus qu'un morceau de bravoure égotique pour l'avocat. Elle a une fonction cathartique destinée à rendre un verdict le plus favorable possible pour l'accusé.

Certes, le plus souvent, le sort de l'accusé s'est joué, sur la question de la condamnation ou de l'acquittement, lors des débats avec les enquêteurs, les témoins, les experts et la partie civile sur les preuves d'une accusation. Il est rare qu'un accusé que tout accable au cours du procès sorte le soir même auréolé d'un verdict d'acquittement à raison d'une plaidoirie sensationnelle de son avocat. Même si cela s'est déjà vu, surtout avec le jury populaire lors des jugements de crimes passionnels – c'est d'ailleurs l'une des raisons pour lesquelles le législateur, par une loi du 5 mars 1932, a décidé d'ajouter trois magistrats aux côtés des jurés dans le jury. Les magistrats sont moins sensibles aux émotions que font naître les avocats dans leurs plaidoiries que les jurés.

Lorsque leur conviction est faite dans le sens de la condamnation, les juges peuvent encore douter sur ses conséquences. Une bonne plaidoirie les amènera à adoucir la peine, voire à en dispenser le prévenu, la loi le permet dans certaines circonstances.

Et, lorsque leur conviction n'est pas faite, que les débats ont été incertains, que la balance hésite entre la condamnation et l'acquittement, une bonne plaidoirie est souvent la seule force qui la fera pencher vers l'acquittement, y compris dans le doute mais toujours pour la justice.

Alors, oui, les avocats sont condamnés à bien plaider. Tant pour les juges que pour leurs clients. Et pas seulement pour les accusés. Pour les parties civiles aussi. Elles méritent également une plaidoirie tout aussi excellente. Il est donc du devoir de chaque avocat de cultiver l'art de la plaidoirie, de préserver cette tradition qui fait la grandeur de notre profession. Car, en fin de compte, c'est par la parole que nous défendons non seulement nos clients, mais aussi l'idée même de justice.

Postface

par Pascale Robert-Diard

Ô combien est écrasant l'honneur d'ajouter quelques lignes à cette réflexion chorale aussi dense que profonde sur le métier de défendre ! Au cours de ma longue carrière de chroniqueuse judiciaire, j'ai eu la chance d'observer et d'écouter à l'audience nombre des autrices et auteurs de ce livre. Et je peux témoigner que les uns et les autres offrent, dans l'exercice quotidien de leur métier, une exigence au moins égale à celle qui irrigue ces pages.

La première chose qui frappe et impressionne, à la lecture de cet exercice de penser l'art de défendre est son humilité. Reconnaissons-le, une telle vertu est rarement associée aux avocats, et encore moins aux pénalistes. Ici, point de rodomontades, d'anecdotes à la gloire de celle ou de celui qui les raconte, de légende à bâtir ou à entretenir, mais une volonté commune de partager et de transmettre une « connaissance » du métier, au sens où l'entendait Marguerite Duras dans la citation opportunément choisie en exergue de l'un des chapitres : « Le savoir, c'est ce qu'on vous apprend. La connaissance, c'est ce que vous apprenez par vous-même. » Cet essai s'inscrit dans la grande et singulière tradition des avocats : peu de professions mêlent à ce point l'individualisme forcené et le sens aigu d'appartenance à une lignée.

Il est précieux d'être ainsi convié à pénétrer derrière la façade d'assurance et de bravade qu'offrent souvent les robes noires, pour donner à voir une autre réalité. Les pages consacrées à la « fragilité » de l'avocat, écrin ouvert à la compréhension de la fragilité de l'autre

– le client – pour le transformer en force face à l'accusation, sont aussi subtiles que rares. Tout comme l'est la réflexion sur l'empathie, cette autre vertu parfois incomprise, qu'il faut éprouver sans se laisser envahir, pour accueillir d'autres vies que la sienne.

Humilité encore de montrer l'avocat non pas en artiste, mais en artisan qui, toujours sur le métier, remet son ouvrage. L'avocat n'est pas un « magicien ». Ceux qui se prétendraient tels sont à parquer sur les plateaux de télévision ou dans les concours d'éloquence. D'avoir assisté à des centaines de procès m'autorise à écrire, sans prendre le risque d'être démentie par les autrices et les auteurs de cet essai, que le seul art dont ils sont familiers est celui de perdre. Combien de fois ai-je surpris le regard dévoré d'inquiétude avec lequel ils fixent les juges et les jurés de retour de délibéré, les épaules qui s'affaissent, le visage qui blêmit à l'annonce d'un jugement ou d'un verdict, la tentation de tout abandonner contre laquelle ils luttent pour soutenir celle ou celui qu'ils ont la charge de défendre ! Plusieurs signataires de ce recueil s'y reconnaîtront.

Si je devais d'ailleurs chercher la source du profond respect que j'éprouve à l'égard des avocats, je la trouverais dans ces heures sombres de défaite. Dans la force qu'ils doivent puiser au plus profond d'eux-mêmes pour recommencer le lendemain, trébucher encore, subir, se relever et, inlassablement, « retourner la terre », selon la belle formule de Denis Fayolle. Ou encore dans les minutes d'absolue solitude qui précèdent le « Maître, vous avez la parole », quand l'avocat tourne en rond dans le prétoire, dispose ses notes et ses cotes à la barre, obéissant à un mystérieux rituel, et murmure pour lui seul les premières phrases de sa plaidoirie. La fréquentation des prétoires a pu user mon regard et mon écoute, elle laisse intactes la curiosité, l'émotion et la tension que j'éprouve dans cet instant suspendu où l'avocat se lève pour plaider. En un mot, magistralement développé dans cet essai : pour résister. Résister à l'hostilité ou, pis, à l'indifférence, au prêt-à-penser, au prêt-à-juger et à condamner. Ma gratitude est immense pour ces moments vécus au procès où, d'une question inattendue de l'avocat, jaillit un éclairage différent de celui qui nous aveuglait. Où le défaut de construction d'un dossier, fissure inaperçue ou pudiquement voilée par l'accusation, devient béance sous l'intransigeance d'un regard de défense.

Je ne cesse de m'étonner du mélange paradoxal de plasticité – sens de l'audience, intelligence de la situation – et d'inflexibilité – sur le respect du droit, de la procédure – qu'offrent souvent les avocats. La lecture de ce recueil livre des clés. Pour être véritable, rappelle Jean-Félix Luciani, la construction d'une défense doit être « investie humainement d'abord, techniquement ensuite ». Alors, et alors seulement, la robe, autant lestée de la vie des clients, trempée de leurs confidences, couturée de leurs détresses qu'armure cousue dans le fil du droit et de la loi, peut remplir pleinement son rôle.

Je veux croire que l'ode livrée par les autrices et les auteurs de cet essai au « travail de défendre », à sa rigueur, à ses contraintes, à son âpreté et surtout à sa nécessité ne s'adresse pas seulement aux avocats ou aux professionnels de l'audience, mais à nous tous, les justiciables. Dans une époque mouvementée, incertaine, où l'émotion tend à l'emporter sur la raison, la rumeur, sur le fait vérifié, l'opinion individuelle, sur la construction d'une identité collective, *Défendre* répond au besoin exprimé par Jean Boudot de « réinvestir cette valeur que nous donnions aux lois, expression démocratique de nos choix collectifs, socle du contrat social qui nous lie, rien de moins que cela ». Merci aux sentinelles du droit de relayer la flamme.

Notes bibliographiques

PARTIE I

L'identité de l'avocat pénaliste

CHAPITRE 1

Être digne d'être écouté

1. Denis Diderot, *Supplément au voyage de Bougainville*, Flammarion, « Garnier-Flammarion », 1972.
2. Voltaire, *Zadig ou la Destinée. Histoire orientale*, Le Livre de Poche, 2008.
3. Cesare Beccaria, *Des délits et des peines*, Flammarion, 2006.
4. Aristote, *Rhétorique*, Les Belles Lettres, 1972.

CHAPITRE 3

L'état de résistance

1. Henry James, « La Figure dans le tapis », dans *Les Meilleures Nouvelles de Henry James*, Éditions Rue Saint Ambroise, 2023, p. 31.
2. Louis Aragon, *Le Roman inachevé*, Gallimard, « Poésie », 1966, p. 177.
3. Gilles Antonowicz, *Défendre ! Jacques Isorni, l'avocat de tous les combats*, Éditions Marges de manœuvre, 2016, p. 609 et suivantes.
4. Jacques Isorni, *La Défense et la Justice*, Flammarion, 1965, relation du procès intenté à Jacques Isorni sur la plainte du ministre des Finances, p. 8, 9 et p. 237-245.
5. Civ. 1re, 10 septembre 2015, numéro 14-24.208.
6. Jacques Chevallier, *L'État de droit*, Dalloz, 2017, 6e édition, p. 93 et 94.
7. *Ibid.*, p. 107.
8. Michel Foucault, *Surveiller et punir*, Gallimard, 2014, p. 353, 354 et 355.
9. René Char, *Feuillet d'Hypnos*, Gallimard, « Folio plus classiques », 2007, fragment 62, p. 25.
10. Robert Badinter, *L'Exécution*, Le Livre de Poche, 1977, p. 28.

CHAPITRE 4

Le secret

1. Jean Cocteau, *Rappel à l'ordre. Le secret professionnel*, Stock, 1924.
2. Article VIII, titre XIV, ordonnance criminelle du 24 août 1670.

3. M. A. Frison-Roche, « Secret et profession », dans *Secrets professionnels*, Autrement, 1999, p. 13.
4. G. Desvoisins cité par le Nouv. Denisart, *Avocat*, § 6, n° 10.
5. F.-E. Mollot, *Les Règles de la profession d'avocat*, Durand, 1866, t. I, p. 129.
6. E. Garçon, Code pénal annoté, 1952, art. 378
7. Cass. Crim., 12 mars 1886, Bull. Crim. 1886, n° 106, cité par H. Leclerc, « Le secret de l'avocat », dans *Secrets professionnels*, Autrement, 1999.
8. Cass. crim. 9 sept. 1897, Bull. crim. n° 309.
9. Cass. crim. 22 mars 2016, n° 15-83.205.
10. Cass. crim. 18 déc. 2024, n° 23-83.178. Voir aussi V. Nioré et E. Bersegol, *Pratique de la défense en perquisition : chez le justiciable et l'avocat*, LGDJ, 2025.
11. Tom Bonnifay, Thomas Leone, « L'avocat peut-il dénoncer le client qui l'informe de son intention de commettre un crime ? », Lexbase, 5 décembre 2024.
12. François Saint-Pierre, *Avocat de la défense*, Odile Jacob, 2009, p. 142.

CHAPITRE 5
Le lien étroit à l'autre

1. Albert Cohen, « Carnets 1978 », dans *Œuvres*, Gallimard, « Bibliothèque de la Pléiade », 1993, p. 1189-1190.
2. Mots de Robert Badinter, citant Victor Hugo.
3. Mots de Henri Leclerc.
4. Robert Badinter, *L'Exécution,* Grasset, 1973.

CHAPITRE 6
Et la fragilité ?

1. Entretien avec Jean-Louis Chrétien, *Esprit*, mai 2018.
2. *Ibid.*
3. Paul Ricœur, « Responsabilité et fragilité », *Autres Temps*, 2003, n° 76-77, p. 127-141.
4. Charles Péguy, *Le Porche du mystère de la deuxième vertu* [1912], dans Œuvres poétiques complètes, Gallimard, « Bibliothèque de la Pléiade », 1975, p. 527-670.
5. Jean de La Fontaine, « Le chêne et le roseau », *Fables,* livre I, 1668.

PARTIE II
Les outils de l'avocat pénaliste

CHAPITRE 7
La loi

1. Conseil d'État, assemblée du 20 octobre 1989, Nicolo.
2. Constitution française du 4 octobre 1958, article 34, alinéa 4.
3. Georges Bernanos, *Dialogues des carmélites,* Seuil, « Points », 1996, deuxième tableau.
4. Article 353 du Code de procédure pénale.
5. *Ibid.*
6. Mohammed Aïssaoui, *L'Affaire de l'esclave Furcy*, Gallimard, 2010.
7. « Plaidoirie de Me Gisèle Halimi au procès de Bobigny – 1972 », citée par Cécile Dunouhaud, Clio-Texte, 21 février 2023, https://clio-texte.clionautes.org/plaidoirie-de-me-gisele-halimi-proces-de-bobigny-1972.html.
8. Décision n°2018-717/718 QPC du 6 juillet 2018.
9. Paul Valéry, *Le Cimetière marin*, Émile Paul frères, 1920.

CHAPITRE 8
La connaissance

1. Jacques Vergès, *La justice est un jeu*, Albin Michel, 1992.
2. « Introduction », dans Cicéron, *De l'orateur,* traduction par Edmond Courbaud, Les Belles Lettres, 2023, livre I.

CHAPITRE 9
Les mots

1. « Louis-Ferdinand Céline, entretien avec Louis Pauwels », dans *Grands auteurs du XXe siècle. Discours, entretiens et propos*, RDM Éditions, 2020, vol. 12.

CHAPITRE 10
L'argument

1. Aristote, *Rhétorique*, I, 1, § 1.
2. Article 567-2 du Code de procédure pénale.
3. Aristote, *Rhétorique,* Livre I, 2.
4. Quintilien, *Institution oratoire,* X, 10.
5. François Sureau, *Le Chemin de morts,* Gallimard, 2013.

6. Bertrand Mazabraud, « Phénoménologie du jugement judiciaire pour mieux appréhender la façon dont le jugement est rendu », dans « Phénoménologie du jugement judiciaire », *Les Cahiers de la justice*, 2020, vol. 4, n° 4, p. 647.
7. Patrick Le Quinquis, « Le président de la cour d'assises », *Justices*, 1998, n° 10, p. 99-110.
8. Antoine Garapon, « Le drame de la justice », dans *Bien juger*, Odile Jacob, 2001, p. 303-320.
9. Nathalie Przygodzki-Lionet *et al.*, « Juger contre soi-même. Perceptions des "biais de jugement" chez les auditeurs de justice », *Les Cahiers de la justice*, 2024, vol. 1, n° 1,, p. 145-161.
10. Sacha Raoult, Warren Azoulay, *Les Comparutions immédiates au tribunal de grande instance de Marseille*, Laboratoire de droit privé et de sciences criminelles Aix-Marseille Université, « Les rapports de recherche de l'Observatoire » (n° 8), juillet 2016.
11. Julien Goldszlagier, « L'effet d'ancrage ou l'apport de la psychologie cognitive à l'étude de la décision judiciaire », *Les Cahiers de la justice,* 2015, vol. 4, n° 4, p. 507.
12. Arnaud Philippe, « Vous jurez de n'écouter ni la haine ni la méchanceté... Les biais affectant les décisions de justice », *Les Cahiers de la justice,* 2015, vol. 4, n° 4, p. 563 ; Constantini & King, 1981/12 ; Ogloff & Vidmar, 1994/13 ; Otto, Penrod & Dexter, 1994/14 ; Steblay, Besirevic, Fulero & Jimenez-Lorente, 1999/15.
13. Michel Mazars, *Le Traitement judiciaire des « violences urbaines » de l'automne 2005. Le cas de la Seine-Saint-Denis*, Centre d'analyse stratégique, 2007, p. 12.
14. Plaidoirie de Jean Boudot, citée dans Pascale Robert-Diard, « Procès PIP : le beau métier de défendre », *Le Monde*, 15 mai 2013.
15. Joël Moret-Bailly, Éliette Rubi-Cavagna, *Droit pénal. La contre-révolution silencieuse*, LGDJ, 2021.
16. https://www.justice.gouv.fr/documentation/ressources/liste-infractions-vigueur-nomenclature-natinf.
17. Gisèle Halimi, *Plaidoirie pour l'avortement*, Gallimard, 2023.
18. Podcast France Culture, série « Robert Badinter, aux origines de son combat », épisode 7/15, 27 septembre 2021.
19. Michel Foucault, « Prise en charge de l'âme du criminel dans la punition », dans *Surveiller et punir*, Gallimard, 1975.
20. Maurice Garçon, *Essai sur l'éloquence judiciaire*, Corrêa, 1947, XI.
21. Maurice Garçon, *Essai sur l'éloquence judiciaire*, Mercure de France, 1941, p. 69.
22. Joël Calmette, « Robert Badinter, aux origines de son combat », podcast de France Culture, collection « Mémorables », épisode 7/15.
23. René Floriot, *Au banc de la défense*, Gallimard, 1960.
24. Sur l'ensemble, lire (impérativement) Clément Viktorovitch, *Le Pouvoir rhétorique*, Seuil, 2021.

CHAPITRE 11
La stratégie

1. Daniel Soulez Larivière, *L'Avocature*, Dalloz, 2019.
2. Entretien avec Henri Leclerc, *L'Humanité*, 31 mai 2014.
3. Entretien avec François Molins, *Journal du Palais,* Réseau Legalnet, 4 décembre 2023.
4. Général André Beaufre, *Introduction à la stratégie*, Fayard/Pluriel, 2012.
5. Jacques Vergès, *De la stratégie judiciaire*, Minuit, 1968.
6. Platon, *Apologie de Socrate*, Flammarion, 2024.
7. Jacques Vergès, *De la stratégie judiciaire*, Minuit, 1968.
8. Platon, *Apologie de Socrate*, Flammarion, 2024.
9. Marcel Willard, *La défense accuse. De Babeuf à Dimitrov*, Éditions sociales internationales, 1938.
10. Jacques Vergès, *De la stratégie judiciaire*, Minuit, 1968.
11. *Ibid.*
12. *Ibid.*
13. Carl von Clausewitz, *De la guerre* [1832], Perrin, « Tempus », 2014.
14. Sun Tzu, *L'Art de la guerre,* Flammarion, « Champs Classiques », 2017.
15. Daniel Soulez Larivière, *L'Avocature*, Dalloz, 2019.
16. Pascal Souris, *Tactiques et stratégies judiciaires*, Bruylant, 2009.
17. René Floriot, *Au banc de la défense*, Gallimard, p. 31
18. Daniel Soulez Larivière, *L'Avocature*, Dalloz, 2019.
19. Robert Badinter, *L'Exécution*, Le Livre de Poche, 1977.
20. Marcel Willard, cité par Jacques Vergès, *De la stratégie judiciaire*, Minuit, 1968.
21. René floriot, *Au banc de la défense*, Gallimard, 1959.
22. André Toulemon, *La Parole moderne. Technique, méthodes et procédés,* Librairie Rousseau, 1957.
23. Général André Beaufre, *Introduction à la stratégie*, Fayard/Pluriel, 2012.
24. Selon les mots du général Beaufre, *ibid.*
25. Carl von Clausewitz, *De la guerre* [1832], Perrin, « Tempus », 2014.
26. Pierre Bellet, premier président de la Cour de cassation, cité par Jean-Denis Bredin, *Mots et pas perdus*, Plon, 2005.
27. Paul Lombard, cité dans Pascal Souris, *Tactiques et stratégies judiciaires*, Bruylant, 2009.
28. Carl von Clausewitz, *De la guerre* [1832], Perrin, « Tempus », 2014.
29. Thierry Bouclier, *Tixier-Vignancour*, Remi Perrin, 2003.
30. Maurice Garçon, *Essai sur l'éloquence judiciaire*, cité par Pascal Souris, *Tactiques et stratégies judiciaires*, Bruylant, 2009.

CHAPITRE 12

La plaidoirie

1. Henri Leclerc, *Un combat pour la justice*, La Découverte, 1994
2. Roland Dumas, *Les Avocats*, Grasset, 1977.
3. Robert Badinter, *L'Exécution*, Fayard, 1973.

Bibliographie

Proposée par les contributeurs en forme de bibliothèque idéale, forcément très subjective...

Antonowicz Gilles, *Défendre ! Jacques Isorni, l'avocat de tous les combats*, Éditions Marges de manœuvre, 2016.

Badinter Robert, *L'Exécution*, Fayard, 1973.

Boileau Nicolas, *L'Art poétique* [1674], Classiques Garnier, 2019.

Chevallier Jacques, *État de droit*, Seuil, 1974.

Cicéron, *De l'orateur*, traduction par Edmond Courbaud, Les Belles Lettres, 2023.

[Collectif], *La Défense et la justice. Relation du procès intenté à Jacques Isorni*, Albin Michel, 1967.

Connelly Michael, *La Défense Lincoln*, Éditions Sonatine, 2011.

Dostoïevski Fiodor, *Souvenirs de la maison des morts* [1861], Gallimard, 1977.

Foucault, Michel, *Surveiller et punir*, Gallimard, 1975.

Garçon Maurice, *L'Avocat et la Morale*, Buchet Castel, 1963.

Gide André, *Souvenirs de la cour d'assises*, Gallimard, 1929.

Hédrich Marc, *L'Affaire Jules Durand*, préface d'Henri Leclerc, La Découverte, 2015.

Hugo Victor, *Le Dernier Jour d'un condamné*, Léon G. Lemerre, 1829.

Hugo Victor, *Les Misérables*, A. Lacroix, Verboeckhoven et Cie, 1862.

Kafka Franz, *Le Procès*, Gallimard, 1925.

La Bruyère, *Les Caractères* [1688], Éditions Classiques Garnier, 2018.

Leclerc Henri, *La Parole et l'Action. Mémoires d'un avocat militant*, Fayard, 2017.

Martineau François, *Petit traité d'argumentation judiciaire et de plaidoirie*, Dalloz, « Prexis Dalloz », 2024-2025.

Naud Albert, *Les défendre tous*, Calmann-Lévy, 2014.

Perelman Chaïm, Olbrechts-Tyteca Lucie, *Traité de l'argumentation*, Éditions de l'Université de Bruxelles, 2008.

Saint-Pierre François, *Avocat de la défense*, Odile Jacob, 2009.

Saint-Pierre François, *Pratique de la défense pénale*, Lextenso, 2024.

Simenon Georges, *Lettre à mon juge*, Presses de la Cité, 1947.

Soulez Larivière Daniel, *L'Avocature*, Plon, 2008.
Truche Pierre, *Juger, être jugé*, Flammarion, 2005.
Viktorovitch Clément, *Le Pouvoir rhétorique*, Seuil, 2021.

Les auteurs

Christophe Bass a prêté serment le 3 janvier 1996. Avocat spécialiste en droit pénal inscrit à Marseille, ancien membre du Conseil de l'ordre, ancien administrateur de l'école des avocats du Sud-Est, il a animé la commission pénale du barreau de Marseille et est régulièrement chargé de la formation initiale et de la formation continue des avocats. Il a désormais en charge le département pénal du cabinet Cadji et dirige l'Atelier de pratique pénale aux côtés de Jean Boudot et de Bruno Rebstock.

Matthieu Boissavy a prêté serment le 18 octobre 1993. Inscrit aux barreaux de Paris et de New York, il pratique en tant qu'avocat la défense pénale et, comme avocat ou médiateur ou arbitre, la résolution des contentieux, de manière amiable ou juridictionnelle. Il est ancien secrétaire de la Conférence, ancien membre du Conseil de l'ordre et ancien vice-président de la commission Libertés et droits de l'homme du Conseil national des barreaux. Il intervient comme formateur dans les écoles d'avocats et est membre de l'Atelier de pratique pénale.

Jean Boudot a prêté serment le 15 décembre 2000. Spécialiste en droit pénal, il est avocat au barreau de Marseille et dispose depuis 2016 d'un cabinet secondaire à Paris. Lauréat de la conférence du stage, élu à quatre reprises au Conseil de l'ordre du barreau de Marseille, il a par ailleurs présidé l'école des avocats du Sud-Est. Il enseigne dans différentes écoles d'avocats, à l'université Aix-Marseille ainsi qu'à l'École nationale de la magistrature et préside aujourd'hui l'Atelier de pratique pénale, qu'il dirige avec Christophe Bass et Bruno Rebstock.

Céline Carru est avocate au barreau de Marseille depuis 2012. Elle est adhérente au Syndicat des avocats de France ainsi qu'à l'Association de défense des droits de détenus et membre de la commission pénale du barreau de Marseille. Elle est membre de l'équipe pédagogique de l'Atelier de pratique pénale.

Frédéric Doyez a prêté serment en décembre 1989 et est inscrit au barreau de Lyon. Il a été membre du Conseil de l'ordre pendant deux mandats et a présidé la commission pénale et la commission Cambodge du barreau de Lyon. Il a été maître de conférences associé à l'université Lyon-II et intervient régulièrement à l'école des avocats de Rhône-Alpes. Il a rejoint l'Atelier de pratique pénale.

Denis Fayolle a prêté serment en janvier 1999. Avocat aux barreaux de Marseille et de Paris, il est spécialiste en droit pénal. Il enseigne la procédure pénale à l'université Paris-Saclay et à l'école des avocats du Sud-Est. Il intervient également à l'Atelier de pratique pénale et est élu au comité directeur de l'Association des avocats pénalistes.

Fabrice Giletta a prêté serment le 3 janvier 1996 et est, depuis, inscrit au barreau de Marseille, dont il a été le bâtonnier en 2015 et 2016. Il intervient régulièrement à l'école des avocats où il dispense des formations de déontologie, ainsi qu'à l'Atelier de pratique pénale.

Capucine Lanta de Bérard est avocate au barreau de Paris et a prêté serment le 26 novembre 2009. Elle intervient régulièrement dans diverses formations et groupes de travail, ainsi qu'à l'école de formation du barreau de Paris (EFB) et au sein de l'Atelier de pratique pénale.

Jean-Félix Luciani a prêté serment le 13 décembre 1985. Avocat au barreau de Lyon, pénaliste, il a été secrétaire du stage, membre du Conseil de l'ordre, a présidé la commission de droit des étrangers et la commission pénale du barreau de Lyon. Il est membre de l'équipe pédagogique de l'Atelier de pratique pénale.

Alain Molla a prêté serment en décembre 1977. Il a exercé exclusivement dans le domaine pénal pendant plus de trente-cinq ans. Anciennement chargé de la formation des présidents de cour d'assises à l'École nationale de la magistrature, il fut aussi vice-président du Syndicat des avocats de France. Il est aujourd'hui avocat honoraire au barreau de Marseille.

Pascale Robert-Diard est journaliste au *Monde*, chargée de la chronique judiciaire depuis 2002. Elle est l'autrice de plusieurs récits, dont *La Déposition* (Folio), et d'un roman, *La Petite Menteuse* (L'Iconoclaste).

Bruno Rebstock a prêté serment le 14 janvier 1991. Avocat au barreau d'Aix-en-Provence, il a été membre du Conseil de l'ordre de 2007 à 2012. Il en a présidé la commission pénale de 2007 à 2012 et la préside depuis 2022. Il enseigne à l'école des avocats du Sud-Est depuis 1995. Il a également présidé la commission pénale du Syndicat des avocats de France durant de nombreuses années. En 2021, à la demande du garde des Sceaux, il a participé aux travaux de la commission Mattei sur « le renforcement de l'équilibre des enquêtes préliminaires et du secret professionnel ». Il dirige aujourd'hui l'Atelier de pratique pénale aux côtés de Jean Boudot et de Christophe Bass.

François Saint-Pierre est avocat au barreau de Lyon depuis 1985 et dispose d'un cabinet secondaire à Paris. Spécialiste en droit pénal, il est codirecteur depuis 2015 de l'Institut de défense pénale et intervient dans des cycles de formation à destination des avocats spécialistes de la matière pénale, ainsi qu'à l'École nationale de la magistrature. Il est l'auteur du très utile ouvrage *Pratique de défense pénale* (LGDJ), anciennement *Guide de la défense pénale* chez Dalloz, ainsi que de plusieurs essais et de nombreux articles publiés dans les revues juridiques.

Sondra Tabarki a prêté serment en 2007. Avocat au barreau de Marseille, elle est titulaire du certificat de spécialisation en matière pénale. Elle intervient à l'école des avocats du Sud-Est dans le cadre de la formation continue des avocats et fait partie de l'équipe pédagogique de l'Atelier de pratique pénale.

Table des matières

*Cet ouvrage a été imprimé sur du papier
dont les fibres de bois proviennent
de forêts durablement gérées*

Cet ouvrage a été composé par
Le vent se lève... – 16210 Rioux-Martin

Cet ouvrage
a été achevé d'imprimer
sur les presses de la
Nouvelle Imprimerie Laballery
à Clamecy (58)
en mars 2025

N° d'édition : 4150-1160-X – N° d'impression : 502578
Dépôt légal : avril 2025

Imprimé en France